中国桥梁年鉴

CHINA BRIDGE YEARBOOK 2010

《桥梁》杂志社 编

内 容 提 要

《中国桥梁年鉴》是一套按年度连续出版的资料性工具书,旨在展示中国桥梁发展状况,为桥梁工作者提供一个翔实权威的信息数据平台。《中国桥梁年鉴2010》是第一本,主要对2009年竣工桥梁工程的新动态、新经验和新成果进行总结。该书以图文并茂的形式,从概况、结构、特点三个方面对选录的37座著名桥梁分别进行介绍。书后还附有"中国路桥发展明细"与"中国部分在建桥梁"。

本年鉴是从事桥梁设计、建设、管理等工作的专业技术人员必备的工具书,也可供政府机构、行业机构、图书馆等单位查阅与收藏。

图书在版编目(CIP)数据

中国桥梁年鉴. 2010 /《桥梁》杂志社编. —北京:
人民交通出版社,2011.5
 ISBN 978-7-114-09062-2

Ⅰ. ①中… Ⅱ. ①桥… Ⅲ. ①桥梁工程－中国－
2010－年鉴 Ⅳ. ①U44-54

中国版本图书馆CIP数据核字(2011)第072241号

书　　名:	中国桥梁年鉴2010
著 作 者:	《桥梁》杂志社
责任编辑:	张征宇　郭红蕊
出版发行:	人民交通出版社
地　　址:	(100011)北京市朝阳区安定门外外馆斜街3号
网　　址:	http://www.ccpress.com.cn
销售电话:	(010) 59757969、59757973
总 经 销:	人民交通出版社发行部
经　　销:	各地新华书店
印　　刷:	北京市凯鑫彩色印刷有限公司
开　　本:	787×1092　1/8
印　　张:	20
字　　数:	277千
版　　次:	2011年5月　第1版
印　　次:	2011年5月　第1次印刷
书　　号:	ISBN 978-7-114-09062-2
定　　价:	200.00元

(如有印刷、装订质量问题的图书由本社负责调换)

序

近30年来，伴随着"五纵七横"国道主干线和高速公路网络的大规模建设，在珠江三角洲、长江三角洲、万里长江和东部沿海掀起了跨江跨海桥梁工程的建设高潮。这期间建成的桥梁总数占我国现有公路桥梁62万座的80%，建桥技术逐步赶超世界先进水平。新世纪成功建设了一批"国际一流"的特大跨径桥梁工程，梁桥、拱桥、斜拉桥的跨越能力跃居世界第一、悬索桥跃居第二，这四类桥型跨径世界排序的前十座桥梁中我国分别占了5、6、8、5座（含市政桥梁），标志着我国正从桥梁大国迈进世界桥梁技术强国行列。

在桥梁技术攀登世界高峰的道路上，科学总结和记录每一步前行的印记，科学展示具有代表性意义桥梁工程技术进步的成果，既是桥梁事业可持续发展的需要，也是桥梁建设团队技术成熟的表现。《桥梁》杂志和人民交通出版社联合编纂出版《中国桥梁年鉴》做了一件正逢其时又具有深远意义的大事情，其意义必将随着时间的推移而逐渐显现。

《中国桥梁年鉴》是桥梁科学技术发展的"大事记"，通过每一座典型桥梁工程的技术资料透视出建设理念、创新技术和现代管理的内涵。随着《中国桥梁年鉴》连续出版，她将是一部我国桥梁发展的编年史，必将成为有史料意义的科学文献。

编纂工作是一件非常严肃的工作，科学性极强，不仅需要建设团队的基础性资料支撑，也需要专家群体的科学性审核把关。可能需要几年的时间摸索前行，在认真吸纳发达国家出版经验的基础上，不断完善我们的编纂工作。

预祝《中国桥梁年鉴》健康成长。

目录

北京通州邓家窑桥	2
重庆朝天门长江大桥	6
重庆大宁河特大桥	10
重庆涪陵石板沟长江大桥	14
重庆涪陵乌江二桥	18
重庆江津观音岩长江大桥	22
重庆鱼洞长江大桥	26
重庆鱼嘴长江大桥	30
重庆忠县长江大桥	34
广西马梧高速桂江大桥	38
广西南宁大桥	42
贵州坝陵河大桥	46
广州东平水道桥	50
河北清水河工业南桥	54
河北清水河解放桥	58
河北清水河建设桥	62
湖北清江大桥	66
湖北四渡河特大桥	70
湖北铁罗坪特大桥	74
湖北武汉天兴洲长江大桥	78
湖北宜昌长江铁路大桥	82
湖北支井河特大桥	86
河南洛阳瀛洲大桥	90
江苏宿淮盐高速公路北京路大桥	94

桥梁名称	页码
江西丰城剑邑大桥	98
江西贵溪大桥	102
辽宁朝阳麒麟大桥	106
辽宁铁岭新城凡河四桥	110
内蒙古呼和浩特如意河桥	114
四川甘孜州海螺沟青杠坪大桥	118
四川汉源大树大渡河大桥	122
四川乐山—宜宾高速公路五通桥岷江大桥	126
上海长江大桥	130
天津海河赤峰桥	134
天津海河富民桥	138
浙江舟山金塘大桥	142
浙江舟山西堠门大桥	146
附录一：中国路桥发展明细	150
附录二：中国部分在建桥梁	151

（注：桥梁名称按字母顺序排列）

桥梁工程简介

北京通州邓家窑桥

- 桥名：北京通州邓家窑桥
- 桥型：中承式提篮拱与简支梁协作体系桥
- 跨径：主跨158m
- 桥址：北京市通州区朝阳北路东延跨温榆河
- 建设单位：北京市通州区建设委员会
- 设计单位：北京市市政工程设计研究总院
- 施工单位：天津城建集团北京分公司
- 经营管理单位：北京市通州区市政管理委员会
- 混凝土用量：21943m³
- 钢材用量：6799t
- 工程总造价：0.8亿元
- 工期：2008年10月至2009年9月

一、概　况

朝阳北路东延（温榆河西路－东六环西侧路）道路工程位于通州新城北部地区，是通州新城内京哈高速以北地区规划的主要干道之一。邓家窑跨河桥位于K0+290.5处。桥梁工程由主桥及南、北引桥构成，其中主桥为中承式部分推力拱桥。桥位处规划河床底高程为17.08m，河底宽130m，两岸为1：3的边坡。规划河道上口宽300m，桥位处现况河道防洪标准50年一遇，设计流量$Q=1908m^3/s$，设计水深$h=6.43m$，设计水位23.51m。桥址处地震基本烈度为Ⅷ度，设计基本地震加速度值0.2g，设计地震分组为第一组。桥体结构方案采用了"提篮拱"形式，主要以"水"的姿态作为设计主题，桥上的车水马龙，则成了通行在水上的船。将协作进取的精神、生态的理念乃至通州所特有的水运文化特色，融合汇聚于桥体之上，使温榆河大桥真正成为能体现通州商务区精神的核心地标性建筑。

二、结　构

邓家窑桥主跨为158m，边跨为41.5m、46.5m，采用创新型的中承式拱桥与简支梁桥协作体系。其中主拱肋与两侧三角刚架固结，形成连续刚架结构。下段拱肋采用混凝土结构，中段拱肋为全钢结构，两侧桥面系为预应力混凝土简支T梁，中段桥面系为钢混叠合梁。

1. 拱肋设计

该桥拱肋采用箱形断面，宽2.5m，内倾10°。拱肋跨中断面高3.0m，拱脚处断面高5m。与三角刚架相接段拱肋（顺桥向水平距离7m）采用C60混凝土现场浇注，为矩形实心断面，按普通钢筋混凝土构件设计；跨中段拱肋（顺桥向长度为118m）采用Q345D钢工厂制作，现场安装，为钢箱断面。钢箱顶底板及腹板厚均为2.5cm，并采用厚2cm，高20cm的纵向加劲肋加强。钢箱段拱肋每个吊杆间距内设置两道垂直横隔板，标准段横隔板厚度为16mm，变高段横隔板厚度为20mm，横隔板上布置厚度为14mm的竖向及横向加劲肋，保证其稳定性；每个吊杆处设置一道竖直横隔板，厚度为25mm，其上焊接板厚为80mm吊杆耳板，横隔板上布置厚度为14mm的竖向及横向加劲肋，保证其稳定性；另外，拱肋在横隔板之间布置宽500mm，标准段厚14mm，变高段厚16mm的竖向加劲肋。

设计拱轴线采用$m=1.55$的悬链线，对应结构使用10年以后在汽车活载作用下的拱肋线形。施工阶段主拱设置预拱度，施工放样时拱轴线矢高38.157m，拱轴系数$m=1.54$。拱肋在钢箱段设有检修孔，可进入拱肋箱室。拱肋混凝土段沿拱轴线还设有多处预埋钢板，以便后期装饰构造的安装。

拱肋钢箱段与混凝土段相接处，设置钢混接合段，长2m，以起到截面刚度衔接及内力传递的作用。钢混接合段钢箱梁设置2道2cm厚垂直加劲肋，设置3道2cm厚水平加劲肋，在混凝土顶面设置厚3cm的承压板。垂直及水平加劲肋上开ϕ60cm孔，内设直径20mmHRB335钢筋，形成PBL剪力键。同时在钢箱顶底板、腹板及承压板混凝土侧设置直径22mm剪力钉。钢混接合段通过钢箱梁垂直及水平加劲板实现拱肋刚度

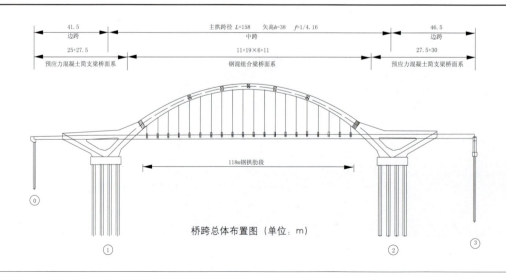

桥跨总体布置图（单位：m）

的平顺过渡，通过PBL剪力键及剪力钉实现钢箱梁断面与混凝土梁断面间力的传递。承压板被垂直及水平加劲肋分隔为12个独立区域，单个区域中心处设置一个直径30cm混凝土浇注孔，在高处设置两个直径5cm出浆孔，在低处设置两个直径5cm压浆孔。

2. 系杆设计

全桥共12根系杆索，单侧6根。系杆索由15-27高强度低松弛环氧钢绞线制成，外包HDPE保护层，系杆索通过定位支架布置于吊杆横梁上，锚固在三角刚架端部。单侧系杆张拉力为15000kN，单束系杆张拉力2500kN，安全系数大于2.5。系杆索力根据施工顺序分两次张拉到位：拱肋形成后，拆除两侧部分支架，安装全部系杆，张拉下排3束系杆，单侧张拉力为7500kN；待吊杆安装完毕，桥面系支架拆除以后，张拉上排3束系杆并调整下排系杆力，单侧张拉力达到15000kN。

3. 吊杆设计

主桥沿桥轴向单侧布置吊杆20根、吊点标准中心距为6.0m；采用双侧单吊杆。吊杆采用钢绞线整束挤压吊杆，索体由高强度低松弛环氧喷涂钢绞线制成，与锚具整体挤压后成为一体。边吊杆采用15-37型，安全系数大于4.0；其余吊杆采用15-27型，安全系数大于3.0。由于桥面高程沿纵向并不对称于桥跨中心线，20根吊杆的长度各不相同。

吊杆上端（拱肋端）采用穿销式铰板，与钢拱肋外伸吊杆耳板相连，下端锚于吊杆横梁上，为张拉端。

三、特 点

1. 相对于普通中承式飞燕拱桥，该桥主、引桥过渡墩的取消不但减少了河中桥墩的数量，改善了河道的行洪条件，并且利用简支梁的自重平衡了部分中跨结构产生的水平推力，降低了系杆索的用量，可以有效地改善结构受力。

2. 主桥设计为部分推力结构，利用群桩基础可提供较大水平抗力的特点，大幅减少系杆索用量，有效地改善了结构受力。

3. 主拱拱肋与两侧三角刚架固结，形成连续刚架结构，其刚度大、动力和抗震性能好。

4. 主拱拱脚段和三角刚架采用钢筋混凝土结构，有利于拱肋与拱座、横梁、系杆的过渡连接和使边跨刚度加强，提高了拱式结构的整体刚度。

5. 主跨中部136m桥面系采用钢混组合梁形式，有效地减小了上部结构重量，并避免了钢桥面板热稳性差和造价高的弊端。◆

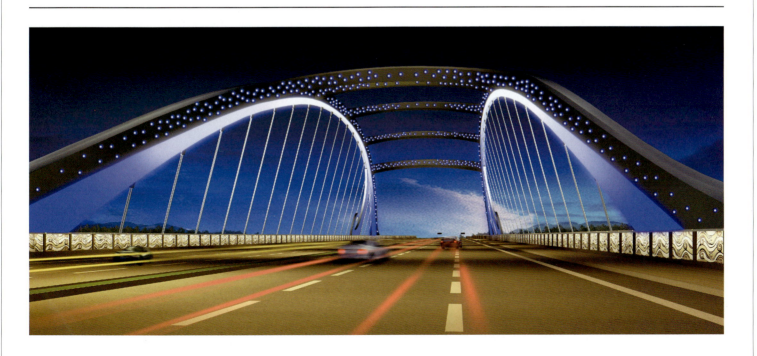

重庆朝天门长江大桥

桥名：重庆朝天门长江大桥

桥型：三跨连续钢桁系杆拱

跨径：(190+552+190)m

桥址：重庆嘉陵江与长江交汇口下游2.4km处

建设单位：重庆城市建设投资公司
　　　　　中国交通建设股份有限公司（BT）

设计单位：招商局重庆交通科研设计院有限公司
　　　　　中铁大桥勘测设计院有限公司

施工单位：中交第二航务工程局有限公司
　　　　　中铁宝桥集团有限公司
　　　　　中铁山桥集团有限公司

混凝土用量：55300m³

钢材用量：47000t

工程总造价：15.6亿元

工期：2004年12月29日至2009年4月29日

一、概　况

重庆朝天门长江大桥地处重庆市主城区中央商务区，位于嘉陵江与长江交汇口（朝天门）下游约2.4km的长江王家沱河段，设计为公轨双层桥面，上层桥面为双向6车道，下层桥面中间为双线城市轻轨轨道交通，两侧为单向双车道汽车交通，此桥长1741m，主桥为（190+552+190）m，三跨连续中承式钢桁系杆拱桥。双层设计，上层双向6车道，下层双向轻轨和两个预留车道。设计速度60km/h，设计基本风速26.7m/s，船舶撞击荷载：顺桥向1100kN，横桥向1400kN，地震基本烈度Ⅵ度，按Ⅶ度设防，通航净高18m，通航净宽不小于242.1m。桥位处江面河床宽570m，水深18m，洪水时最大表面流速4.07m/s，桥位区基岩主要为砂岩、泥岩、泥质砂岩、砂质泥岩，平均温度18.3℃。

朝天门长江大桥主桥全宽36.5m，桁宽29m，两侧边跨为变高度桁梁，中跨为钢桁系杆拱。拱顶至中间支点高度为142m，拱肋下弦线形采用二次抛物线，矢高128m，矢跨比1/4.3125；拱肋上弦部分线形也采用二次抛物线，与边跨上弦之间采用$R=700$m的圆曲线进行过渡。主桁采用变高度的N形桁式，拱肋桁架跨中桁高为14m，中间支点处桁高73.13m（其中拱肋加劲弦高40.65m），边支点处桁高11.83m。全桥采用变节间布置，共有12m、14m、16m三种节间形式，边跨节间布置为$8×12m+14m+5×16m$，中跨节间布置为$5×16m+2×14m+28×12m+2×14m+5×16m$。

二、结　构

1. 基础

P7、P8主墩基础为分离式群桩基础，两承台对称于桥轴线，均为25m×19.4m长方形、厚6m的钢筋混凝土结构。每一承台基桩为3排12根桩径为2.5m的群桩，每一墩共24根桩。

2. 墩身

P7、P8主墩墩高分别为36m及26.6m，墩顶均设145000kN的球形支座。主墩由两个分离式钢筋混凝土薄壁墩组成，为增强两桥墩横向联系，两薄壁墩间设一厚4.0m的横梁。每座分离式桥墩均为20.5m（顺桥向）×15.4m（横桥向）长方形单箱6室（6.2m×5.5m），墩壁厚1.0m。墩顶部设有高4.0m的实体段。

3. 主桁杆件

主桁弦杆为焊接箱形截面，截面宽度有1200mm和1600mm两种，截面高1240～1840mm，板厚24～50mm。杆件按四面拼设计，拼接处杆件高、宽相同，不同宽度和高度杆件之间采用变宽（高）度设计。对于同一杆件，宽度和高度不同时变化。腹杆采用箱形、H形及"王"形截面，箱形截高1240～1440mm，板厚24～50mm；H形及"王"形截面高700～1100mm，板厚16～50mm，杆件端部按照两面拼接设计。

中跨布置有上下两层系杆，其中心间距为11.83m。下系杆与加劲腿部中弦及边跨下弦贯通。上层系杆采用焊接H形截面，截面高1500mm，宽1200mm，板厚50mm。下层系杆采用焊接"王"形截面，高1700mm，宽1600mm，板厚50mm，系杆端部与拱肋下弦节点相连接，下层辅助系索锚固于节点端部。主桁杆件所采用的最大板件厚度50mm，最大长度44m，最大安装吊重80t。

4. 主桁节点

主桁节点除中间支承节点（E15）采用整体节点外，其余均采用拼装式节点。节点板最大厚度80mm（E15节点），最大规格为5570mm×7620mm（E18节点）。

5. 桥面系

上、下层桥面采用正交异性钢桥面板，桥面板厚16mm，采用U形闭口肋，沿纵桥向设置横隔板，其间距不大于3m，在主桁节点处设置一道横梁。上层桥面沿横桥向布置6道纵梁，下层桥面每侧布置2道纵梁，中间采用纵、横梁体系，其横梁与两侧钢桥面板横梁共为一体。共设置两组轻轨纵梁，其中心距为4.2m，每组轻轨纵梁由两片组成，通过平联和横联连为一体，纵梁端部通过鱼形板和连接角钢与横梁连接，轻轨纵梁上设置木质桥枕和60kg/m钢轨。上层桥面在主桁节点外侧设置人行道托架，上置N形正交异性钢人行道板。

6. 平纵联

下层桥面平纵联为交叉型设置，杆件采用焊接工形构件，横梁作为下平联撑杆。拱肋上、下弦平纵联采用菱形桁式，加劲弦平纵联采用K形桁式。由于相邻节间存在一定的夹角，平联节点板采用弯折方式进行过渡。

7. 横联与桥门架

主桁拱肋每两个节间设置一副桁架式横联，位于拱肋上下平纵联M字形心处；加劲腿区段每个节间均设置一副桁架式横联。中间支点处设桁架式桥门架，边支点A1-E1和E18-E19等处均设板式桥门架，E19-E20处设置桁架式桥门架。

8. 高强度螺栓连接

主桁构件采用M30高强度螺栓，φ33mm栓孔，设计有效预拉力为360kN；桥面系、联结系采用M24、M22高强度螺栓，分别为φ26mm、φ24mm栓孔，设计有效预拉力240kN、200kN。摩擦面抗滑移系数按照$f=0.45$计。

9. 主桁安装

边跨采用平衡重辅以临时墩半伸臂架设。起步段（前两节间）利用边墩旁塔吊在鹰架上架设，同时架设两个临时节间，与前两节间共长48m以加载配重平衡悬臂端。然后在钢梁上弦拼装拱上爬行架梁吊机，并在离边墩36m、50m、80m处设置临时墩。利用拱上爬行架梁吊机悬臂架设至主墩，与此同时在平衡节间加载适当配重。中跨采用平衡重辅以斜拉扣挂系统全伸臂架设。先主拱架设至合龙后再进行中间梁系架设。中跨安装时钢梁先整体安装至108m，随后仅架设拱肋桁及吊杆至跨中合龙。斜拉扣挂系统塔架高98.07m，共设置两层拉索。中跨钢梁悬臂架设至168m时，挂设内索并初张拉，继续架设钢梁至240m，挂设外索、初张拉、架设钢梁，最后进行跨中合龙。

三、特　点

1. 首次推出主跨552m的公轨两用飞燕式多肋钢桁架中承式拱桥，跨径居世界同类桥梁之最。

2. 主桁结构中支点采用支座，使得大桥结构体系在外部为三跨连续梁受力体系。

3. 重庆朝天门长江大桥采用双层交通，轨道交通与汽车的通道上下分离，互不干扰。

为了保证轨道交通乘客过江时有较好的视觉感受和舒适性，取消桁架斜腹杆。

4. 成功研制并应用于朝天门长江大桥的世界上最大吨位145000kN抗震支座。

5. 整个大桥主桁构造除E15采用整体节点外，其余均采用拼装式节点，方便施工。

6. 采用钢结构系杆和预应力系杆相结合的方式，系杆与主桥拱间的连接构造简单，受力明确。

7. 本桥采用架梁吊机、斜拉扣挂技术，结合抬梁体高程使主桥转动的思路，实现先拱后梁零应力合龙模式。◆

重庆大宁河特大桥

桥名：重庆大宁河特大桥
桥型：钢箱桁架上承式拱桥
跨径：主跨400m
桥址：重庆巫山县巫溪镇白水村
建设单位：重庆高速公路发展有限公司渝东分公司
设计单位：中交第二公路勘察设计研究院有限公司
施工单位：贵州省桥梁工程总公司和国营武昌造船厂
混凝土用量：38383m³
钢材用量：19420t
工程总造价：2.6亿元
工期：2006年6月至2009年12月

一、概　　况

大宁河特大桥位于国家重点公路杭州至兰州线重庆市巫山至奉节段(巫山县巫溪镇白水村)，跨越大宁河，桥址区属构造溶蚀、剥蚀深切谷地斜坡地貌区，相对高差228m，切割深度大，地形起伏剧烈，是巫山至奉节段高速公路建设项目中地形地貌最为复杂险峻路段的特大型桥梁工程。桥梁全长681m，主桥为净跨400m的钢箱桁架上承式拱桥，桥面净宽24.5m，设计速度为80km/h，地震动峰值加速度0.05g。

桥址地处亚热带湿润区，多年平均气温18.4℃，多年平均降雨量1049.3mm，最大瞬时风速24.7m/s。桥位处基岩为灰砂岩和溶崩角砾岩，上有很薄覆盖层。

大宁河大桥处于风景名胜小三峡旅游景区内，为三峡库区高速公路沿线最壮观的一座大桥，同时将成为小三峡风景区内一道亮丽的人文景观。

二、结　　构

大宁河大桥主桥为净跨径400m钢桁上承式拱桥，主拱净矢高80m，矢跨比1/5。拱脚固结，为固端拱体系，跨径规模居钢桁上承式拱桥世界第二，中国第一。大桥主拱肋采用三片等高桁架结构，桁高10m，桁架上下弦杆采用箱形断面，腹杆采用工字形断面，上下横梁采用工字形断面。拱上立柱采用钢排架结构，横向三根立柱与三片桁架对应，设横向交叉提高立柱稳定性。拱上立柱纵向间距27m，立柱采用钢箱结构。

桥面行车道结构采用孔跨度27m钢—混凝土组合连续梁，桥面板采用9cm沥青混凝土铺装。

1. 拱座

主桥拱座采用整体式钢筋混凝土结构，底面作成阶梯形，以利于拱座与地基间传力；拱座前缘横向设3根竖桩作竖向支撑，位置与拱肋对应，以改善拱座前缘的受力、提高边坡稳定性、保证拱座基础的受力安全；拱座后缘横向设3根倾斜10°的抗推桩，以提高拱座基础抵抗水平荷载的能力并减小拱座位移；西岸拱座基础局部风化严重、岩体破碎，拱座基底对应交界墩位置增设3根竖桩，以提高基础承载能力。两岸拱座竖向支撑桩、抗推桩桩底均以弱风化或微风化岩层作持力层。

两岸拱座基坑地质条件较差，对基底及拱座基础以外2m范围进行压浆加固，加固深度10m。

2. 主拱肋

主拱肋采用桁架结构，钢桁高度为等高，桁高10m（上下弦中心线间），横向分三片拱肋，肋间间距10m。拱肋上下弦杆采用等截面钢箱，高1.5m，宽1.0m，内设纵向加劲肋。钢桁拱肋节段划分按吊装重量控制，从拱脚至拱顶划分为9个节段，全桥共54个节段，拱顶设合龙段，最大节段吊装重量为160t。

钢桁拱肋上下弦杆壁厚从拱顶至拱脚按受力要求变厚，变厚范围30～48mm。桁架节点采用整体式节点。

拱肋腹杆采用焊接工字钢或钢箱，上下平联、横联等杆件采用焊接工字钢，板厚12～20mm，杆件与整体式节点间采用对接焊缝连接。

3. 拱上立柱

拱上立柱采用钢排架结构,横向三根立柱,钢箱截面,钢箱横桥向1.0m,顺桥向0.9～1.7m,壁厚16mm,内设纵向加劲肋及横隔板。立柱间设交叉焊接工字钢斜撑。立柱墩帽梁为钢箱结构,顶面设2%的横坡,路中心线处箱高1.75m,帽梁宽度分1.2m和0.9m两种,钢箱顶、底板厚20mm,腹板厚16mm,内设纵向加劲肋。

4. 桥面行车道系

拱上桥面行车道结构采用钢—混组合梁,跨径27m,采用16跨连续结构,全联长432m。组合梁焊接工字钢梁高1.7m,上翼缘板厚16mm,下翼缘板厚26mm,支点处由于下翼板受压,增加叠合钢板提高其抗弯能力。

工字钢梁腹板厚16mm,每隔2.25m设一道竖向加劲肋,每隔6.75m设一道钢横梁。

钢筋混凝土桥面板采用分块预制,厚12cm,吊装就位后,通过现浇9cm厚CF50钢纤维混凝土桥面板和湿接头形成整体,钢梁和钢筋混凝土桥面板通过布置在湿接头处的栓钉剪力键形成组合梁。栓钉间距按剪力设置。钢纵梁位于交界墩顶的端部设现浇混凝土端横梁,混凝土端横梁设伸缩缝。

5. 钢结构涂装

钢拱肋、立柱及桥面系纵梁处裸露表面采用涂装长效防腐,防腐涂装工艺及要求是:表面净化处理到无油、干燥、除锈、喷砂等级到Sa2.5,环氧富锌底漆80μm,环氧云铁厚浆漆70μm+70μm,氟树脂面漆厚度35μm+35μm。

三、特 点

1. 国内规模最大的特大跨上承式钢桁架拱桥。本桥主跨400m,在上承式钢桁拱桥中位列美国New River Gorge Bridge(主跨518m)之后,居同类桥型世界第二,中国第一。

2. 大型复合式拱座基础。拱座基坑地质条件复杂。拱座基础按桩—拱座—土相互作用机理的复合式基础设计,解决了软弱地质条件下有推力拱桥的设计难题。

3. 首座全焊式特大钢桁拱桥。本桥主跨钢结构采用全焊式,即杆件、桁片工厂焊接制造,分桁片节段运输,现场吊装焊接而成。桁架为整体节点,节点外对接焊拼装,现场对接焊缝板件最大厚度48mm,控制焊接变形和焊后残余应力是影响拱轴线线形和结构抗疲劳性能的关键。

4. 钢—混凝土组合结构。采用较轻的钢—混凝土多跨连续组合梁作桥面系,结构形式新颖,改善了拱肋、基础的受力状态。

5. 大型无支架缆索吊装系统施工。拱肋分片、分节段采用无支架缆索吊装安装,吊装缆索系统在吊塔上整体横移来分别安装三条拱肋。该系统跨径大(432m)、吨位大(165t),吊装的节段长(长26m、高10m)。缆索吊塔和扣塔合二为一,其间铰接,利用交界墩及永久结构作为扣塔的一部分。◆

重庆涪陵石板沟长江大桥

桥名：重庆涪陵石板沟长江大桥
桥型：斜拉桥
跨径：（200+450+200）m
桥址：乌江、长江汇合口下游1.7km处
建设单位：重庆市涪陵区堤防工程建设开发有限公司
设计单位：招商局重庆交通科研设计院有限公司
施工单位：中国中铁八局集团第一工程有限公司
混凝土用量：125704m³
钢材用量：20640t
工程总造价：4.8亿元
工期：2004年12月至2009年10月

一、概况

涪陵石板沟长江大桥，北起北山坪东麓，与涪丰北路相接，向东跨越长江，沿涪陵污水处理厂旁石板沟沟谷上岸，与江东城市干道涪丰南线相接，为东西线快速主干道。大桥全长975m、宽22m，设计时速60km。

涪陵石板沟长江大桥工程是重庆市涪陵区城市总体规划中主城区规划的跨江特大桥梁之一，为连接涪陵江北片区与江东片区的关键工程，是涪陵城区环线（天子殿长江大桥—四环路—乌江大桥—江东城市主干道—石板沟长江大桥—江北滨江路）的重要组成部分，为环线规模最大的控制性工程。它的修建将江北片区和江东片区连接起来，形成涪陵城区又一条过江大通道。被喻为涪陵的"门户大桥"。

二、结构

涪陵石板沟长江大桥主桥，桥跨布置为（200+450+200）m，采用双塔双索面PC斜拉桥飘浮体系，由于边孔有通航要求，无法设置辅助墩，边、中跨比较大，为0.444。

主梁为双向预应力混凝土π形梁，整体开口梁板式断面，梁高2.5m，总宽22m，标准节段断面为Π形断面，节段长8m，肋宽为1.8m，标准梁段纵向每隔4m设一道横隔板。主梁总长850m，中跨450m，主梁划分为0～28号（中跨）、0'～26'号（边跨）节段，其中0号、1号节段为主梁现浇段，21'号节段为边跨

龙梁段，22'～25'号节段为边跨现浇箱梁配重段，28号节段为中跨合龙梁段。主梁下部结构为空心墩。

主塔为H形，塔高179.32m，锚固区采用环向预应力体系，两主塔墩（P2、P3）基础设计为深水基础，采用双壁钢围堰施工，塔柱部分采用爬模施工。主塔墩基础均为钻孔灌注桩基础，孔桩直径2.5m，P2墩桩长31.5m，P3墩桩长为34.5m，每个主塔墩共设21根钻孔桩，呈行列式布置。承台为直径27m、高6.5m的圆形承台，钢围堰直径30m。

斜拉索采用扇形布置，平行钢丝体系，钢丝抗拉强度为1670MPa，双层PE防护，所有塔形索面由位于桥塔两侧的27对斜拉索构成，斜拉索在梁段上标准间距为8m，在塔上的锚固间距为1.6m，塔上张拉斜拉索最大张拉力达498t，单索最长为245.809m，重19.69t。

三、特点

1. 设计特点。设计采用空间建模进行静力分析，混凝土的收缩徐变采用非线性分析，支座采用大吨位、大位移量的设计方案，边跨合龙采用超常规的尾部梁段固结模型设计方案，施工中采用了最大双悬臂施工设计方案和部分预应力的设计方法，并采用了一次调索的设计方法。

2. 施工特点。主塔施工中利用GPS技术建立高精度测量

控制网，混凝土浇筑运用翻模施工，每4.5m为一个节段。塔柱竖向钢筋均采用等强直螺纹连接；劲性骨架现场制作，单片吊装；索道管用全站仪按精密投点法准确定位上下口以确定其位置。主塔提升设备为QTZ125塔吊，人员上下使用SCD200AJ施工电梯，混凝土利用2台垂直泵送高度达320m、水平泵送距离达1000m的HB780型输送泵输送。

主梁施工采用全飘浮体系施工方案，0号块、1号块及交接墩边跨35m利用托架及支架现浇，其余梁段运用全液压工具式前支点挂篮悬臂对称浇筑施工，最大悬臂施工混凝土重量为420t，最大单悬臂长223.5m，最大双悬臂长167m，挂篮采用双主梁、拱式内模支架体系，具有安全、经济、可操作性强、操作简便、机动性好等特点，极大地缩短了工期和成本。

合龙段利用悬臂挂篮改装成合龙吊架现浇施工，施工时，先合龙边跨，再合龙中跨。

3. 工程重难点。由于设计精度高，结构特点突出，石板沟长江大桥在施工中注入了许多新工艺和新技法。P2主塔墩双壁钢围堰外径30.0m，内径27.0m，宽1.5m，围堰平面上等分为12块，并设置12个独立隔仓。围堰总高12.75m，分为A、B两节，钢围堰高度分别为6.75m、6m，重量分别为129.0t、123.8t，总重量为252.8t。

P3主塔墩基础位于长江南岸主航道边，水深（枯水期水深8m）流急（$V \geqslant 2m/s$），岩面倾斜，基岩裸露，岩面内具有较多孤石，施工难度大。施工中分别采用了GPS卫星定位系统定位、SDH-13D型测深仪对以P3主塔墩中心为圆心，半径15m的圆形区域内水下地面高程进行了高密度、高精度地测量，为水下基础施工方案设计提供了可靠的一手资料。P3主塔墩封底混凝土浇筑前，采用在围堰外侧利用槽钢做定位滑槽，利用正交异性钢模板插打封堵刃脚四周悬空处，潜水工用布袋混凝土水下封堵后，用片石将围堰低洼处填平，然后在上面满铺一层碎石，封底混凝土浇筑时布置16个灌注点，利用两台布料杆、三台输送泵同时布料，一次性完成封底混凝土浇筑任务。◆

重庆涪陵乌江二桥

桥名：重庆涪陵乌江二桥
桥型：高低塔单索面单箱单室不对称预应力混凝土斜拉桥
跨径：（150＋340＋100）m
桥址：乌江口上游500m附近
建设单位：重庆市涪陵区堤防工程建设开发有限公司
设计单位：林同棪国际工程咨询（中国）有限公司
施工单位：中铁八局
混凝土用量：主梁混凝土用量14061m³
工程总造价：2.4亿元
工期：2004年10月至2009年4月

一、概　况

涪陵乌江二桥位于乌江口上游500m附近。东岸连接江东开发区，直接与涪丰公路相连，西侧与主城区紧密相连。主桥采用（100＋340＋150）m双塔单索面斜拉桥，桥梁全长590m。主跨跨径340m、边跨长分别为100m和150m，边中跨比例为0.294和0.441。主梁与主塔均采用塔梁固结的方式连接，斜拉索采用扇形布置。乌江二桥的修建将江东片区、主城区及主城区的滨江片区联成一线，对涪陵区社会经济及城市发展具有不可估量的作用。

二、结　构

涪陵乌江二桥主桥为特大型双塔单索面斜拉桥。大桥主桥由340m中跨和两侧不对称布置的边跨组成，靠近涪陵乌江江南侧边跨为100m，江东侧边跨为150m。主桥全长为590m。结构支承体系采用塔梁固结方式。

大桥结构体系可进一步分为下列子结构：0号过渡墩、1号、2号桥塔和3号桥台及基础；箱形截面主梁结构及斜拉索；附属设施及梁端伸缩缝。

1.0号过渡墩、1号、2号桥塔和3号桥台及基础

主桥基础均采用钻（挖）孔灌注桩加承台基础形式。1号、2号桥塔在斜拉索布置位置均设置环向预应力。

（1）0号过渡墩。0号墩的截面尺寸为11m×2m，墩身高31.30m，墩顶设置盖梁。0号墩桩基直径为2.0m，桩长35m，平面布置为2×3根。承台为12m×7.2m×3m。墩身混凝土采用C40，桩基及承台混凝土采用C30。

0号墩基础位于乌江防洪护堤内，地质条件简单，无不良地质现象。场地上覆土层为第四系人工填土，以填筑土为主以及少许亚黏土，土层厚10.90～15.50m，下伏基岩为泥岩夹少量砂质黏土岩，基岩强风化带厚4.1～6.1m。基岩面从XK27-1至XK28变化大，坡角33°，向1号墩方向基岩面坡角13°～15°。弱风化带岩体较完整但存在软夹层（手感岩石硬度与强风化带相当），设计桩底高程136.50m，穿透软弱夹层，以微、弱风化带基岩作桩基础持力层。

（2）1号桥塔。1号桥塔基础桩基直径为2.5m，桩长为34m，平面布置为4×4根。承台

为19m×19m×5m。

1号桥塔采用空心薄壁箱形截面。桥塔分为上塔柱和下塔柱，桥面以下部分为下塔柱，桥面以上部分为上塔柱。塔身混凝土在桥面以下的下塔柱采用C50，桥面以上的上塔柱采用C60混凝土；桩基及承台混凝土采用C30。

下塔柱截面从承台顶的10m×6m渐变为主梁底面处的9.5m×5m；截面外壁壁厚均为1.0m。另在顺桥向截面设置一道横隔，壁厚为0.5m，将下塔柱箱室在横桥向均分为两个箱室截面。上塔柱截面从桥面位置的5m×5m渐变为塔顶截面的4m×4m。截面外壁壁厚在顺桥侧采用1.0m，在横桥侧采用0.8m。塔顶设置成实心段。桥塔设有避雷装置，避雷针接地极电阻要求≤10Ω。

1号桥塔基础位于乌江左岸，地处河漫滩，现为护坡地带，地势平坦。因防洪护堤基础嵌入弱风化带基岩中，护堤内的土体对桥墩无影响。基岩为紫红色泥岩及灰绿色砂质泥岩，基岩强风化带厚2.6～7.6m，岩土界面坡角13°～15°。设计桩底高程110.73m，穿透软弱夹层，以微、弱风化带基岩作桩基础持力层。

（3）2号桥塔。2号桥塔基础桩直径为2.5m，桩长24m，平面布置为5×5根。承台为24m×24m×6m。

2号桥塔采用空心薄壁箱形截面。桥塔分为上塔柱和下塔柱。桥面以下部分为下塔柱，桥面以上部分为上塔柱。塔身混凝土在桥面以下的下塔柱采用C50，桥面以上的上塔柱采用C60，桩基及承台混凝土采用C30。

下塔柱截面从承台顶的13m×9m渐变为主梁底面处的9.5m×7.5m；截面外壁壁厚均为1.0m。另在下塔柱截面设置十字形横隔，横隔壁厚为0.5m，将下塔柱箱室分为单箱四室截面。上塔柱截面从桥面位置的7.5m×5m渐变为塔顶截面的5m×4m。截面外壁壁厚在顺桥侧为1.4m；根据受力条件，横桥侧截面外壁壁厚在第一个拉索以下部位开始变厚，壁厚采用1.73～1.9m变厚，其余位置均为0.8m。塔顶设置成实心段。桥塔设有避雷装置，避雷针接地极电阻要求≤10Ω。

2号桥塔基础位于乌江右岸江边，斜坡的土体已被排污管线的桩基稀疏锚固和分三级条石挡土墙支挡，上渡口滑坡已进行了整治，对桥墩的影响小。墩位处至条石挡墙之间的地形坡角18°，土层厚5～14.7m（XK12），基岩面坡角15°～21°。设计桩底高程109.73m，穿透软弱夹层，以微、弱风化带基岩作桩基础持力层。

（4）3号桥台。3号桥台台身高20m，桩直径为2.5m，桩长22m，平面布置为2×6根。承台为31.0m×12.5m×3m。桥台形式

为重力式U形桥台。桥台台身混凝土采用C20片石混凝土。

3号桥台基础采用U形桥台加桩基础。桥台处无地下水，施工不受季节影响。设计桩底高程均为165.50m，穿透软弱夹层，以微、弱风化带基岩作桩基础持力层。

2. 箱形截面主梁结构及斜拉索

(1) 主梁。主梁为等高度的预应力混凝土斜腹板箱形截面梁，C60混凝土。梁顶全宽25.5m，梁顶设置2%的横坡，箱梁在中心线处梁高3.5m，箱梁翼缘长度为7.0m。在箱梁锚索位置设置横隔板，同时在翼缘上设置托梁；横隔板处设置拉索锚箱。横隔板设置间距视斜拉索间距而确定为6.0m、4.4m、4.2m三种，横隔板的厚度在中跨均为0.3m，边跨隔板的厚度均采用0.5m；翼缘梁托的厚度均为0.3m。箱梁在浇筑时，掺入替代水泥用量8%的GNA微膨胀剂。

根据受力的需要，中跨箱梁分为三段标准截面：中跨箱梁截面在桥塔根部的0号和1号段截面尺寸分别采用和该侧边跨箱梁相同的截面尺寸；在3号~6号段的中跨箱梁截面腹板厚度为0.52m，底板厚0.32m；中跨跨中箱梁标准截面腹板厚度为0.36m，底板厚0.24m；在中跨箱梁2号、7号段处分别设置过渡段，过渡段截面尺寸按照相邻两段截面按直线变化过渡；所有中跨箱梁顶板厚度均为0.28m。为了平衡主跨和边跨恒载在施工过程中的不平衡，在主梁的两个边跨范围内将箱梁截面均按照需要加厚。大边跨侧箱梁顶板加厚为0.75m，腹板加厚为1.17m，底板加厚为0.99m；小边跨侧箱梁顶板加厚为0.75m，腹板加厚为0.72m，底板加厚为0.82m。所有的主梁箱体外侧翼缘顶板均采用0.28m厚。

在中跨梁体合龙段设置劲性骨架，以保证合龙段在整个施工过程中，结构的安全性和可靠性。

(2) 斜拉索。斜拉索采用扇形布置，索面在中跨主梁上顺桥向标准间距是6.0m，边跨索距分别加密为4.4m和4.2m；斜拉索在索塔上的索距为2.0m。斜拉索采用张拉锚固方便的φ7高强镀锌平行钢丝束，钢丝强度R_y=1670MPa，斜拉索采用双层PE护套，外层PE护套的颜色根据景观要求确定。斜拉索的各项技术指标必须满足《斜拉桥热挤聚乙烯拉索技术条件》（JT/T 6-94）中的要求。

三、特　点

涪陵乌江二桥地势复杂受限，结构设计难度大，对桥梁设计关键技术、施工工艺与控制等开展了系统的研究与实践，取得多项创新成果：

1. 结构新颖。（150+340+100）m跨高低塔、不等跨单索面斜拉桥，桥宽25.5m，采用单箱、单室、宽翼缘箱形断面，主桥采用单索面结构形式，保证主桥简洁美观。其结构形式在同类型桥梁中居世界第一。

2. 桥塔、桥墩和主梁采用固结处理方式，简化了主梁的支承受力，主梁采用大悬臂单箱单室结构，施工中采用了非固定模板来克服翼缘肋板的影响；不等跨、不对称悬臂施工的最大单悬臂长度为204m，且没有辅助墩。拉索面及塔轴线两侧荷载平衡控制难度大。

3. 工程所处位置地势起伏变化大，并且受周围建筑影响较大，为结合地形，减少拆迁，使得主桥边中跨布置不对称，螺旋匝道曲率半径小，其设计较为复杂。螺旋匝道采用单墩支承两幅桥结构形式，减少了桥墩对视野的影响，为一种创新的设计；两圈半长采用单联形式，突破常规。

4. 主梁悬臂施工采用后支点挂篮，这在单索面斜拉桥施工历史上是十分少见的，具有一定的难度。

5. 受各方条件限制和影响，以及对城市景观的通盘考虑，乌江二桥设计需要考虑主桥跨径大、施工不对称性、偏载影响、收缩徐变影响等诸多问题。◆

重庆江津观音岩长江大桥

桥名：重庆江津观音岩长江大桥
桥型：双塔双索面斜拉桥
跨径：（35.5+186+436+186+35.5）m
桥址：重庆市江津区观音岩
建设单位：重庆高速公路发展有限公司北方建设分公司
设计单位：四川省交通运输厅公路规划勘察设计研究院
施工单位：路桥集团二公局、贵州省桥梁工程总公司、
武船重型工程有限公司
混凝土用量：74000m³
钢材用量：26000t
工程总造价：约5亿元
工期：2006年1月至2009年12月

一、概　　况

江津观音岩长江大桥是我国首座跨长江叠合梁斜拉桥，桥宽为34.5m，设计车速100km/h，最高通航水位198.05m，最低通航水位175.70m，通航净空为单孔单向航宽124.37m，单孔双向航宽234.95m。

大桥全长约1.2km，主桥为双塔双索面斜拉桥，主桥长879m，主桥孔跨布置为（35.5+186+436+186+35.5）m，为纵向半飘浮体系。主梁采用高3.2m双工字形截面的钢—混组合梁，标准节段主梁长12m，在边跨端部逐渐缩短为8m和4m。全桥纵向不设固定支座，在索塔下横梁与梁体间设置油压阻尼器，横向采用限位支座。斜拉索全桥共68对，按双索面扇形布置。

二、结　　构

1. 主塔与基础

桥塔采用A字形塔。滴水岩岸桥塔高167.29m，南彭岸桥塔高172.79m，桥塔桥面以上高约110m。桥面以下设置一道下横梁，桥面以上约60m设置一道上横梁，两道横梁将桥塔分成上塔柱、中塔柱和下塔柱三部分。上塔柱部分的塔柱纵向宽6.0m，横向宽4.4m，纵向厚0.8m，横向厚1.3m。中塔柱纵向宽6.0m，横向宽4.4m，纵向厚0.8m，横向厚1.0m。滴水岩岸桥塔下塔柱纵向尺寸由6.0m逐渐变化到塔底的10.56m，横向尺寸由4.4m逐渐变化到塔底的9.5m，南彭岸桥塔纵向尺寸由6.0m逐渐变化到塔底的11.0m，横向尺寸4.4m逐渐变化到塔底的10.0m。桥塔有斜拉索齿板部分的内壁包裹厚为10mm的Q235B钢板。为了抵抗斜拉索拉力引起的桥塔箱形截面上的拉应力，在桥塔的斜拉索锚固区域配置了纵、横向预应力，采用"#"型布置Φ^s15.24钢绞线。

主塔的上、下横梁都采用预应力混凝土结构，预应力锚固在桥塔的外侧壁上，两端张拉。

滴水岩岸主塔基础采用20根φ2.5m嵌岩钻孔桩，筑岛围堰施工。南彭岸主塔基础位于深水区域，枯期水深12m，设置20根φ2.5m嵌岩钻孔桩，采用φ32m双壁钢围堰施工。

2. 主梁结构

(1)主梁和钢横梁。主梁采用钢主梁与混凝土板共同受力的结合梁，中间用剪力钉将两者结合。结合梁斜拉索锚固处高3.2m，跨中高3.542m。钢主梁截面为双工字形截面，横桥向两个钢主梁的中心距35.2m，桥面混凝土板厚26cm，钢主梁顶部加厚为40cm，主梁全宽36.2m。

工字形钢主纵梁高2.8m，主纵梁分为8种梁段，标准节段梁长12m，标准横隔板间距为4m，标准梁段顶板截面为50mm×1000mm，底板为80mm×1000mm，腹板厚28mm，三条纵向加劲肋均为22mm×260mm。

在桥塔和辅助墩附近的梁段为加宽和加厚截面。桥塔处主梁梁段顶板截面为50mm×1000mm，底板为60mm×1200mm，腹板厚28mm。辅助墩处主梁梁段顶板截面为50mm×1000mm，底板为80mm×1200mm并在支点附近增设加强钢板，腹板厚28mm。交界墩附近的G梁段（过渡梁段）长24.496m，端部局部加高为4.0m。标准单片主梁重量约17t，交界墩附近主纵梁最大重量约70t。

在桥面横向跨中设置一道小纵梁，两边设置两道小纵梁，小纵梁顶板、底板宽500mm。其中桥面中线处的小纵梁为永久结构，两边的小纵梁为施工临时结构，提供施工时的人行通道，并作为浇注湿接头的模板。永久小纵梁和混凝土板之间不设剪力钉，桥面板在桥梁横向为简支结构。

横隔板的标准间距为4.0m，标准横隔板顶板宽700mm，厚度为28mm，底板宽700mm，厚度为32mm，腹板厚16mm，在横隔板的纵、横向设置有加劲肋。对主梁压重段的横隔板进行加强，横隔板和主梁之间的连接采用剪力接头。全桥的钢主梁、横隔板和小纵梁均在工厂焊接完成后，运输到桥位，现场全部采用高强螺栓连接。

主纵梁钢板采用Q370qE，横梁钢板采用Q345qC。对于钢板梁的顶板由于需要和锚拉板直接连接，该钢板要求为Z向钢板，其厚度方向(Z向)性能应满足Z35。确保钢材符合设计力学性能。

(2)混凝土桥面板。预制混凝土桥面板共分为24种类型，最大平面尺寸为3.4m×8.54m，顶面拉毛，采用C60型高强混凝土，各类型混凝土桥面板之间主要在于预应力管道和预应力齿块的不同，预制混凝土板的纵向设置微锯齿形剪力键。为了减少混凝土的收缩和徐变，预制桥面板存放至少6个月以上方可安装。预制混凝土桥面板之间浇注C60微胀混凝土形成桥面。

在边跨82m和中跨164m范围内的混凝土桥面板中设置纵向预应力。主梁顶板纵向预应力钢束均采用7Φ^s15.24钢绞线、群锚锚具和SBG塑料波纹管，真空辅助灌浆法施工。

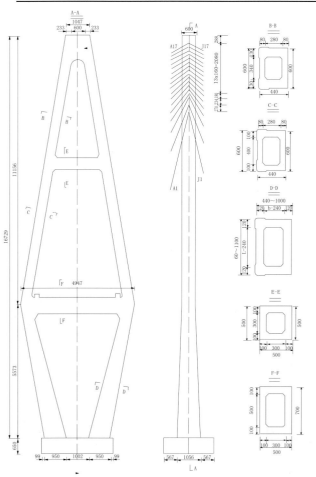

滴水岩岸桥塔示意图（单位：cm）

混凝土桥面板通过焊接方式使钢主梁和横隔板上翼缘板上的剪力钉和钢梁共同受力,全桥剪力钉采用φ22mm圆头焊钉,ML15钢,长度260mm,全桥的剪力钉均在工厂焊接完成。

(3)斜拉索和主梁的锚固。斜拉索和主梁的锚固采用拉板式锚固方式,主要由锚拉板、四块加劲肋、锚拉管及锚座支承板等组成。该类锚固构造最早见于加拿大的安娜西斯桥,后来国内青州闽江桥等也采用这种构造。锚拉板分为上、中、下三部分,上部锚拉板的两侧焊于锚拉管外侧,将斜拉索的索力直接传递给上部的锚拉板,中部为了安装锚具,中间部分挖空,为了补偿挖空部分的削弱,并增强其横向刚度,在其两侧焊接加劲板。下部直接与主梁上翼缘顶面焊接,这种结构传力途径明确,构造简单,施工方便,最主要的是整个锚固系统都在桥面以上,便于以后的维修和养护,但也造成焊缝处荷载应力和焊接残余应力集中程度都较大。通过对锚拉板结构进行空间非线性有限元分析,并对主梁顶部翼板的抗疲劳性能进行试验研究。锚拉板安全可靠,但是初始屈服荷载较低。设计荷载作用下在锚拉板与锚拉管的焊缝底部,即靠近锚垫板的圆弧处为高应力区,此处首先出现塑性区。锚拉板与锚拉管,锚拉板与主梁上翼板之间的焊缝是主要传力焊缝,要求全熔透,并经过严格的探伤检查。锚拉板直接焊接在主梁顶板上,主梁顶板的Z向承受拉应力,钢板的Z向性能和焊接热影响区是本桥钢结构最为薄弱的两个环节,所以对钢材材质和焊接施工质量的控制是整个钢结构制造中的重点,对锚拉板进行了静力和疲劳试验研究。

(4)斜拉索。斜拉索采用平行钢丝体系,钢丝的标准强度为1670MPa。钢丝直径7mm,拉索共有187、151、199、253、283、313和349等7种规格,共计136根,成品索(含索体及锚具)的疲劳应力幅值应大于200MPa。索面为空间索面,斜拉索在梁体上、下游的间距为35.2m,顺桥向的标准索距为12m,靠近边跨端头附近的尾索进行加密,索距为4m。斜拉索在塔上的竖向间距为1.6m。整根斜索外用保护套保护,护套外表设有螺旋线,以抑制雨振的产生。

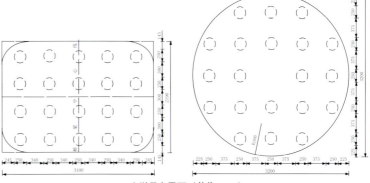

主墩承台平面(单位:cm)

三、特　点

1.采用双工字截面形式的主梁截面,制造、运输和架设简单,造价低。桥面宽度为36.2m,采用双工字截面形式的结合梁,是目前全国同类桥梁桥面中少有的。和边箱中板式的双主梁相比,双工字形主梁便于制造、运输和架设,而且制造费用较低。本桥滴水岩侧的边跨基本位于一阶和二阶阶地上,地形起伏较大,采用双工字形的截面形式便于运输,对本桥桥位的建设条件无疑具有现实意义。400～600m钢箱梁斜拉桥主梁用钢量为500～600kg/m²,本桥主梁用钢量约为320kg/m²。造价低,而且省去了钢桥面的桥面铺装。

2.混凝土桥面板沿桥横向变厚度,是国内同类结合梁斜拉桥首次采用。大部分桥面板厚度26cm,靠近主纵梁处局部加厚为40cm。既减轻了桥面重量,又增加了桥面板的有效宽度、减小了锚拉板后的应力集中,而且增加桥梁横向的抗剪能力。

3.斜拉索和主梁的连接形式采用锚拉板。本桥最大索力800t,该索力在公路桥梁中较大。斜拉索和主梁的锚固采用拉板式锚固方式,受力明确、节约钢材、施工维护方便而且容易保证质量。

4.本桥的钢料全部采用国产,尤其是大规模地使用厚度80mm的钢板。◆

重庆鱼洞长江大桥

桥名：重庆鱼洞长江大桥
桥型：预应力混凝土连续刚构
跨径：(145+2×260+145)m
桥址：重庆市巴南区鱼洞
建设单位：重庆城市建设投资公司
　　　　　中国铁建股份有限公司（BT）
设计单位：招商局重庆交通科研设计院有限公司
施工单位：中铁十七局集团有限公司
　　　　　中铁二十三局集团有限公司
混凝土用量：118000m³
工程总造价：4.5亿元
工期：2004年12月开工
　　　上游幅桥2008年12月26日通车，下游幅桥在建

一、概　况

重庆鱼洞长江大桥是重庆市总体规划中的一座特大型城市桥梁，主要功能是北接成渝、渝遂和渝长高速，南接渝黔高速，在城市路网中发挥着举足轻重的作用，对重庆经济的腾飞、社会进步有着重要意义。

重庆鱼洞长江大桥，是世界首座同桥面公路轻轨两用桥，全长1541.6m。桥跨布置为(6×40+6×40)m预应力混凝土连续梁桥+(145+2×260+145)m预应力混凝土连续刚构+(3×40+3×40)m预应力混凝土连续梁桥。大桥总体设计为并列双幅桥，每幅桥均为单箱双室箱梁，单幅桥宽20.3m，双幅桥面总宽41.6m（中间分隔带1.0m），布设双向六车道汽车和双向两车道轻轨，轻轨车道位于桥面内侧。该桥按城市快速路标准，公路-I级荷载设计，并用城-A进行验算；轻轨为跨座式单轨列车，按8辆车编组，单轴重力110kN，总重力3520kN；设计速度为汽车60km/h，轻轨75km/h。桥址年平均气温18.3℃，极端最高温度42.2℃，极端最低温度-1.8℃。最大风速26.7m/s。通航等级为国家内河航道I级，枯水期江面宽约300m，船只撞击力为顺桥向1100kN、横桥向1400kN。

重庆鱼洞长江大桥上游幅桥通车后，已构成与沙坪坝区、九龙坡区、南岸区和大渡口区的快速大通道，从大渡口中心区域到巴南区鱼洞的行车时间只需10min。该桥获得重庆市优秀设计一等奖。

二、结　构

主桥上部结构为四跨(145+2×260+145)m预应力混凝土连续刚构，长810m。在整个河床范围均为主桥，只有三个T构墩及两个交界墩，不仅桥下通视效果好，通航孔多，且两个主跨有利于上游1.2km处佛耳岩码头船只在洪水期通航和掉头，江内只布设主墩，也有利于桥梁防撞。

1. 基础

采用承台加短桩基础，承台截面尺寸为17.4m×16m，高4.5m，每个承台下布置8根直径2.8m桩，承台底面置于弱风化砂岩上，整个基础按桩基和承台共同受力考虑，以减小基础尺寸。

大桥部分主墩位置基岩完整，但裂隙发育，如完全采用扩大基础不仅其基础尺寸大，开挖量大不经济，而且江水侵蚀裂隙基岩对大桥安全不利，但如按常规的群桩基础设计，其桩基工程量将增加，为充分利用承台下的基岩持力层，按照桩和基岩的变形协调进行外力的分配，即考虑承台和桩基共同作用。

2. 桥墩

双肢薄壁墩墩身，单肢截面尺寸为12.9m×2.6m，两肢间净距6.8m，三个主墩高分别为61m、54m和55m，上游主墩迎水面设置分水尖。

在主桥的双肢薄壁墩和空心交界墩中加入H型钢，其特点：用H型钢替代部分墩身主筋，减小了钢筋设置密度，有利于混凝土浇注；可以利用先就位的H型钢作为骨架，保证墩身

主筋施工时的稳定性；在墩身外围设置H型钢，可增强墩身的防船撞效果，同时有利于提高桥墩抗振能力。

3. 主梁

主桥主梁为单箱双室断面，幅桥箱顶面宽20.3m，箱底宽12.9m，外侧悬臂4.8m，内侧悬臂6m，根部梁高15.1m，跨中梁高4.6m，箱梁高度从合龙段中心到悬臂根部按1.8次抛物线变化，采用挂篮对称悬浇施工。在0号块、边跨支点及跨中设横隔板，横隔板均设置了人洞。在箱梁根部区段底板设置了排水孔。为改善箱梁的内外温差和为维护人员提供好的环境，在箱梁的腹板上设置通气孔或人洞。

为了防止0号块开裂，设计采取：(1)要求双肢墩间横向连接托架具有一定的适应混凝土收缩的能力，防止受约束引起底板开裂；(2)0号块分次浇注时，采取施加临时预应力措施，同时在分层连接部位增设加强环形钢筋，以阻止分层加载和新旧混凝土结合面收缩不同步而产生裂纹；(3)设计构造上增加了D8防裂钢筋网片，混凝土中掺加聚丙烯纤维，有效防止0号块开裂。

4. 预应力体系

纵向预应力钢束共设置了顶板束、腹板束、中跨板束和边跨底板束、合龙束和预备束六种。竖向应力采用二次张拉锚固系统。

三、特 点

1. 该桥为特大跨度公轨两用连续刚构桥，两个主跨均为260m，同类桥梁中居世界前列。

2. 首创刚构桥同桥面通行汽车和轻轨，结构断面不对称，荷载不对称。桥宽41.6m，在长江大桥中排列第一。

3. 成功设计出国内最大、最复杂的0号块节段，先进的技术手段确保其质量得到有效地控制。为满足公、轨两种荷载受力需要，0号块根部梁高取15.1m，跨中梁高取4.6m，箱梁底板厚达2.2m，最大节段重510t，0号块混凝土1638m³。

4. 为防止悬灌梁段产生裂纹，采取了一系列措施：竖向预应力钢绞线采用二次张拉；在1～3号节段连接部位增设加强环形钢筋，以阻止新旧混凝土结合面由于收缩不同步而产生裂纹；在0～9号节段周边设置D8焊接钢筋网片；在箱梁混凝土中添加矿粉，并在0～5号节段混凝土中添加杜拉纤维；在0～9号节段底板中设置冷却管。

5. 预拱度按恒载（预应力）+活载+跨径/1000设置，混凝土收缩徐变按20年计算，并结合其他同类桥梁的下挠病害情况，按规范的要求进行了适当的调整。同时，为预防实际预应力损失过大等原因导致梁体压应力储备不足，在设计时使断面在任何不利荷载情况下能够保持1MPa以上的压应力，且设计时采用备用束孔，为后期预应力束的调整留有余地。

6. 大桥主桥为偶数跨，且采用先中后边的合龙顺序。由于主桥边墩位于长江航道内，墩身高度最高达72m，为避免长江洪水对高支架的影响，设计考虑了在合龙中跨后，再在边跨增加两个悬灌节段。

7. 三个主墩位于江中，承台须穿过砂卵石地层嵌入岩石。虽有钢筋混凝土围堰，仍要采取有效的止水措施。膏浆帷幕止水技术，在深水基础施工中得到成功应用。◆

重庆鱼嘴长江大桥

桥名：重庆鱼嘴长江大桥

桥型：单跨双铰简支钢箱梁悬索桥

跨径：(180+616+205)m

桥址：起于重庆广阳镇葵花山庄，止于重庆鱼嘴镇下果园

建设单位：重庆高速公路发展有限公司垫利建设分公司

设计单位：浙江省交通规划设计研究院

施工单位：中铁大桥局

主要监理单位：西安方舟监理有限公司

混凝土用量：201640m³

钢材用量：10113.7t

工程总造价：5.7亿元

工期：2005年12月至2009年12月

一、概　况

重庆绕城公路东段是重庆市规划建设的公路主骨架之一，该项目位于重庆市区东部，总体呈由南向北走向，路线全长36.317km。鱼嘴长江大桥为本项目中跨越长江的一座特大型桥梁工程。桥位起于广阳镇葵花山庄，在长江南岸石盘凼附近跨越长江，于长江北岸的师母滩登陆，止于鱼嘴镇的下果园。大桥为悬索桥，全长1440m，主跨616m，为重庆外环高速公路全线的重点控制工程。

大桥为6车道高速公路特大桥，车辆荷载等级采用公路-I级。设计车速采用100km/h。

设计水位：1/300频率洪水位196.71m(黄海)。

通航等级：内河Ⅰ-(2)级。

设计基本风速：桥位区10m高度处100年一遇10min平均最大风速27.5m/s。

船舶撞击荷载：横桥向19.0MN，顺桥向9.5MN。

设计基准期为100年。

二、结　构

大桥主桥中跨为616m的单跨双铰简支钢箱梁悬索桥，南北边跨跨径分别为180m和205m，为无吊索区。在设计成桥状态下，中跨理论垂度为61.6m，垂跨比为1∶10。主缆中心距为34.8m，吊索间距12.0m。

南锚碇采用埋置式混凝土重力锚体，矩形扩大基础，散索鞍中心高程为237.5m。北锚碇采用三角框架式混凝土重力锚体，矩形扩大基础，散索鞍中心高程为225.0m。

南桥塔采用钢筋混凝土多层门式框架，塔柱为变壁厚矩形单箱单室结构，设两道横梁。每根塔柱底设9根φ2.5m的灌注桩。北桥塔采用钢筋混凝土多层门式框架，塔柱为变壁厚矩形单箱单室结构，共三道横梁。每根塔柱底设9根φ3.0m的灌注桩。

主缆采用预制平行钢丝股法（PPWS）。每根主缆为65股，每股含127根φ5.2mm镀锌高强钢丝，空隙率在索夹处取17%，索夹外取19%，相应主缆外径分别为519mm、525mm。

加劲梁采用扁平流线型钢箱梁，正交异性板桥面，梁高3m，全宽36.8m。

南引桥上部为两联6×35m等截面预应力混凝土连续箱梁。下部基础采用单排2根φ1.7m钻孔灌注桩基础，墩身为矩形实体墩。北引桥上部为两联4×56m、3×56m等截面预应力混凝土连续刚构。下部基础采用双排4根φ1.8m钻孔灌注桩基础，墩身为空心矩形截面。

三、特　点

1．北塔的防撞措施。大桥建设期间，北塔位于岸上。大桥运营期间，由于三峡大坝蓄水，三峡库区水位在175-145-175运营，北塔有被船舶撞击的危险。为抵抗船舶撞击，将北塔在高程203m以下塔柱采用矩形实心截面，并在下塔柱增设一道底横梁，横梁采用箱形空心截面。其设计思想为，当遇到船舶撞击时，考虑到塔柱为大桥主要受力构件，不容许有丝毫损坏，因此塔柱采用实心断面，可以保证塔柱被撞击后的安全；底横梁不是大桥的主要受力构件，其主要作用是增强两根塔柱横桥向联系，增大结构刚度，因此底横梁采用箱形空心截面，即使被船舶撞击损坏后，可以及时修复而不影响结构安全。上述设计的优点是在保证大桥正常使用功能的前提下，最大限度地减少了材料用量，降低了工程造价。此外，为提高混凝土延性，增强抵抗船舶撞击能力，北桥塔实心段及底横梁采用纤维混凝土。

2．锚碇大体积混凝土温控设计。大桥北岸锚碇基础长67m，宽51.8m，高23.75m，采用C30混凝土，体积达53000m³。大体积混凝土的裂缝主要是温度裂缝，为了控制温度裂缝的产生，改善结构的耐久性，通过温度应力仿真计算，结合以往成功经验，设计提出了不出现有害温度裂缝的温控标准和相应的温控措施。

降低混凝土的浇注温度。控制混凝土入模

温度不超过28℃。若浇注温度不在控制要求内，则应降低水泥和集料温度，采用冷却塔对拌和用水进行降温，尽量采用夜间浇注混凝土。

混凝土浇注层厚及浇注间歇期的控制。因地基对混凝土的强约束作用，底部5层混凝土的分层厚度不大于1.2m。为防止下层混凝土对上层混凝土产生强约束作用，上下层混凝土浇注控制在6d以内，上下层温差控制在15～20℃。

混凝土内外温差控制。内外温差是产生表面裂缝的主要原因，混凝土内外温差应控制在25℃以内。混凝土内部布置冷却水管，混凝土各层内设$\phi 42mm \times 2.8mm$的冷却水管。在混凝土表面设一层防裂钢筋网片。

在基础混凝土中埋入温度传感器，测量混凝土不同部位温度变化过程，检验不同时期的温度特性和温差标准。当温控措施效果不佳，达不到温控标准时，可及时采取补救措施，如加大冷却水管流量等。

3. 锌铝伪合金防护体系的使用。大桥位于重庆市，地属北亚热带向亚热带过渡气候带，雨水充足，属我国酸雨地区。重庆地区雨水pH值一般在4.0以下，冬季可达3.0。硫酸根离子占阴离子总量的70%～90%，为典型硫酸类酸雨。而且钢箱梁位于江面之上，江上多雾，长期处于较高湿度环境下，其环境属于重腐蚀环境。为提高钢箱梁的耐腐蚀性，在国内新建桥梁工程中首次采用喷锌铝伪合金+封闭底漆+中间漆+面漆的多重防腐体系。

锌铝伪合金涂层系统的优势。钢结构桥梁长效涂装防腐体系一般由三层不同功用的涂（镀）层组成，由里到外，逐层为：第一层是能实施阴极保护的牺牲金属底层，其作用是由牺牲金属提供电子，保证了钢结构不受腐蚀；第二层是封孔和防化学腐蚀的中间层，喷涂（镀）金属层和化学涂料层都是多孔体，都有间隙，需要堵孔，堵孔是为了阻隔腐蚀介质与钢铁接触，喷涂锌铝伪合金生成的Al_2O_3网状结构一定程度上可以起堵孔的作用，ZnO和$ZnCl_2$在一定程度上也起堵孔的作用；第三层是抗老化和起装饰作用的表面层，通常是有颜色、有填料的涂层，它能抵挡紫外线、红外线，减少中间层的老化，同时能起光滑和美观等作用。

4. 大位移多向变位伸缩缝的使用。悬索桥为缆索支承体系桥梁，结构刚度较小，加劲梁在车辆活载、温度荷载及风荷载等多重荷载作用下，其变位为多种变位的叠加，既有各个方向的平动，又有各个方向的转动，非常复杂。国内很多大跨径桥梁，尤其悬索桥的伸缩缝发生了不同程度的损坏。

通过仔细地分析伸缩缝损坏的原因，确定模数式伸缩缝不能满足悬索桥加劲梁复杂变位。经过广泛地调查研究，最终鱼嘴大桥采用模块式多向变位梳齿缝。该伸缩缝不仅能满足加劲梁顺桥向位移，还能满足加劲梁竖向和横向的转动，很好地适应了加劲梁在多重荷载作用下的复杂变位，改善了行车条件。◆

重庆忠县长江大桥

桥名：重庆忠县长江大桥
桥型：双塔双索面PC斜拉桥
跨径：（205+460+205）m
桥址：重庆市忠县县城上游
设计单位：招商局重庆交通科研设计院有限公司
施工单位：中交第二航务工程局有限公司
　　　　　中铁一局股份有限公司
监理单位：铁道部第一勘察设计院监理公司
混凝土用量：110000m³
工程总造价：6.5亿元
工期：2005年8月至2008年10月

一、概　况

重庆忠县长江大桥位于三峡库区的忠县县城上游8km处，东起康家沱，跨越马粪碛及长江主航道，西至高粱背，全长2174m，主桥采用（205+460+205）m双塔双索面预应力混凝土斜拉桥，主引桥采用（112+200+112）m预应力混凝土连续刚构桥，共投资6.5亿元。

大桥桥位处江面宽1130m，水深17m，深泓线偏忠县岸，平均流速2m/s。覆盖层3～3.5m，基岩为细砂岩。桥位区属亚热带东南季风山区气候，年平均降雨量1192.9mm。

大桥为4车道高速公路标准，设计速度80km/h；桥面宽度24.5m；设计基本风速25.0m/s；地震基本烈度Ⅵ度，按Ⅶ度设防；通航净高18m，单孔双向航宽不小于370m，单孔单向通航不小于185m。

忠县长江大桥有6个深水桩基群，建设过程中综合运用了大量科研成果，采用了无辅助墩大悬臂施工法、无线网络远程实时监控系统、大桥桥墩抗船舶撞击措施设计与预警系统，主墩防撞设计能力高达2765t以上。

二、结　构

大桥为双塔双索面预应力混凝土斜拉桥，为保证正常运营状态下，过渡墩的支座不出现上拔力，通过边跨主肋变宽进行压重。

1. 索塔基础

南主跨墩河床覆盖层薄，平整度较好，基础采用双壁钢围堰、承台、钻孔桩复合基础；北主墩河床覆盖层厚，基础采用双壁有底钢吊箱围堰、承台、钻孔桩复合基础。钢围堰及有底钢吊箱外径均为36m，内径33m，壁厚1.5m。内设置19根φ3.0m钻孔桩，南主墩桩长37m，北主墩桩长44.5m。封底混凝土厚：南主墩9.5m，北主墩7m，承台高6m。南、北索塔基础封底和承台共浇筑混凝土20702m³。

2. 墩身

塔墩身截面采用钢筋混凝土八室箱形结构，塔墩顺桥向宽17m，横桥向宽29m。顺桥向两侧外壁厚100cm，内壁厚60cm。横桥向两侧设分水尖。墩底、顶各设200cm及450cm厚的实体段。内腔尺寸均为7.2m×5.5m。南主墩墩高45m，北主墩墩高47.5m。采用C40混凝土，南、北主墩墩身混凝土用量19337.9m³。

3. 索塔

索塔为H形，塔柱截面为箱形断面，塔柱高200m，桥面以上塔高跨比0.2620。索塔上塔柱锚索区为7.0m×4.5m分离矩形断面，中、下塔柱为（7.0～12）m×（4.5～8.0）m的分离矩形断面。设两道横梁，下横梁为9m×6m箱形断面，上横梁为6.8m×5m箱形断面。索塔横桥向宽度在墩顶25m，下横梁转折处为36.8m。南、北索塔混凝土用量26129m³。

上塔柱为拉索锚固区，采用环向预应力，并对水平力最大的节段进行了1:1的足尺模型试验验证。塔柱采用液压爬模施工工艺，每段施工高度4.0m。在下、中塔柱施工过程中为克服塔肢倾覆力分别设置了3道水平拉索及3道水平撑杆。预应力孔道采用真空辅助压浆工艺。上、下横梁采用八字撑钢管桩悬空支架，突破了大多数桥横梁采用落地支架技术，节约了成本和工期。

4. 主梁

主梁为整体开口肋板式断面，梁高（中心线处）2.965m，标准截面纵向每隔8m设置一道横隔板。主梁为双向预应力，断面为Ⅱ型，标准节段长8m。肋板宽为1.8m，塔下梁段肋板加宽至2.4m；为满足边跨压重要求，边跨肋板加厚，其中有5个节段的肋板加厚至3.9m，7个节段的肋板加厚至5m，最边上两个节段采用实体板梁。主梁采用C60混凝土。主梁设置了施工预应力束和后期预应力束。

5. 斜拉索

斜拉索采用双向扇形布置，平行钢丝体系，每塔单面为29对斜拉索，1根吊索（0号），全桥共230根斜拉索，最重1根索重19.9t，全桥共用高强镀锌钢丝2468t，拉索外裹高密度PE。斜拉索在梁上标准间距为8m，在塔上的锚固间距为1.75～5m。为减小由于斜拉索共振引起的疲劳应力幅值，斜拉索的减振采用磁流变阻器与减振橡胶块。

6. 主梁施工

主梁采用前支点挂篮施工，在主梁0号块施工完成后，安装挂篮吊装支架，吊装挂篮。利用前支点挂篮承重平台施工主梁1号段，挂篮主纵梁下设钢管桩支撑，前端利用2号索锁定，施工完1号段后进行体系转换，从2号段开始按正常前支点挂篮悬浇施工。

三、特　点

1. 主桥主要技术难点是深水基础、边跨不能设配重的平衡锚箱、辅助墩和临时墩。施工阶段双悬臂状态中跨达到216m、边跨达到194m。

2. 主梁边跨压重采用逐步加宽肋板压重。

3. 主梁的临时固结支座采用钢板将主梁与主塔分开，通过体外预应力束和沙漏支座将其联成一个整体，在主跨合龙时卸掉体外预应力束和沙漏支座实现主梁纵向约束解除。

4. 主跨合龙后调整最后几对斜拉索索力，以减少中跨合龙时临时预压重，减少合龙难度。

5. 主塔墩高247.5m，仅低于苏通长江大桥。主塔基础施工所采用的双壁钢围堰直径36m，为长江上游同类规模第一。

6. 钢围堰和钢吊箱的首节采用在浮式平台拼装，托运就位后整体吊起，然后退出浮式平台首节沉入水中，减少岸上拼装下水和托运就位施工工序，为施工工期赢得时间。

7. 钢围堰和吊箱均采用两次封底。钢围堰采用两次封底可以有效地防止封底混凝土泄漏；钢吊箱第一次封底可以将吊箱水与江中水完全隔开，第二次浇筑的封底混凝土可以充分利用水的浮力，用吊箱内抽水置换混凝土重量的办法减少吊杆受力，降低封底施工难度。

8. 三峡库区蓄水到175m后，万吨级巨轮将长驱直入重庆，船桥碰撞风险增大。通过三峡库区跨江大桥桥墩抗船舶撞击措施设计与预警系统研究，对撞击风险较高的主墩增加了浮式套箱防撞设计。大桥能承受高达2765t以上的撞击力，是目前重庆市防撞能力最高的大桥。◆

广西马梧高速桂江大桥

桥名：广西马梧高速桂江大桥
桥型：预应力混凝土连续刚构
跨径：（50+90+90+50）m
桥址：广西梧州市倒水镇四坡村
建设单位：中冶（广西）马梧高速公路建设发展有限责任公司
设计单位：广西交通勘察设计研究院
施工单位：中国第一冶金建设有限公司
经营单位：中冶（广西）马梧高速公路建设发展有限责任公司
混凝土用量：17000m^3
钢材用量：3748.3t
工程总造价：0.88亿元
工期：2007年2月6日至2009年5月28日

一、概　况

马梧高速桂江大桥位于广西梧州市倒水镇四坡村东南侧约150m处，跨越桂江，中心桩号K259+912，桥长449.92m，桥宽2×14m。大桥设计荷载公路-Ⅰ级，人群荷载3.0kN/m²。桥梁横断面划分为0.27m（人行道栏杆）+1.5m（人行道净宽）+0.43m（防撞墙）+11.2m（桥面净宽）+0.5m（防撞墙）+0.1m（分离宽）=14m（半幅）。桥面纵坡：单项纵坡-0.3%。桥面横坡主桥2%，引桥位于缓和曲线段内，横坡为2%～-2%。设计洪水频率百年一遇，水位为32.17m（黄海高程）。通航标准按内河Ⅴ（3）级航道，通航孔有效通航净宽不小于55m，上底宽度不小于44m，净高不小于8m，侧高不小于4.5m。最高通航水位按照十年一遇水位控制，水位为28.54m。地震烈度：本地区地震基本烈度为Ⅵ度，本桥按照Ⅶ度设防。

该项目处于重丘陵地区偏僻地带，桥位于两山之间，南北走向，横跨桂江，下游10km为倒水镇码头，上游15km为长发镇码头，施工前期无任何陆路施工通道。该地河流水位具有受季节控制的特征，一般枯水季节水流在河床内水量较小水深约8m，洪水期河水流量陡增，洪水位约28.54m，常水位期间，水位受上游20km京南发电站发电控制，昼夜水位变化在1～2m范围内。河中墩基础施工及克服水位变化频繁是难点；河床纵横坡度变化较大，覆盖层较薄，无淤泥覆盖层，自上而下分为细砂、卵砾石；河床下地质依次往下为强风化砂岩、弱风化砂岩、微风化砂岩、微风化花岗岩。

二、结　构

主桥上构采用（50+90+90+50）m预应力混凝土连续刚构，分为左右幅。引桥采用4×40m先简支后连续预应力混凝土T梁。主桥分为四跨，合龙顺序为先边跨后中跨，边跨合龙采用支架现浇合龙，中跨合龙采用刚性连接后的配重挂篮悬浇方式。全桥混凝土用量17000m³、钢材3748.3t，工程造价0.884亿元，自2007年2月6日开工，2009年5月28日完工。

桂江大桥工程是一项综合性工程，实施过程中，全面考虑了当地水文地质、桥梁结构形式并结合现场实际情况，科学有效地选择深水基础围堰封底技术，科学合理地创造安全可靠的挂篮加强型轨道，自创边跨高墩整体支架移动工艺，巧妙设置钢管柱承担架桥机前支机构安全可靠的安装边梁，加强混凝土外观的控制、科学先进地控制悬臂箱梁预拱度、应力应变控制，各种工艺、技术操作简单方便、实施安全可靠、成本大大降低，并能获得最佳的生产效果。本课题通过研究和实验及工程实践，进一步完善了大跨径深水基础刚构连续桥梁的施工工艺体系，该体系的应用不仅降低了成本，而且提高了施工安全、缩短了工程工期。

深水基础、大跨径刚构连续桥梁施工、监控量测是一套系统的施工工艺，但每个环节中要做到安全、高效、经济的效果，必须对每道工艺进行创新与突破。

本工程施工过程中总结了目前国际比较先进的施工技术，从理论上升到实践，积累了桥梁施工技术经验：开创了"袋装混凝土和高塑性黏土"对钢围堰的预封底技术，研究自制了反扣轮滑动挂篮的加强型轨道，首创高墩边跨合龙现浇支架整体移动工艺，总结、分析、控制桥梁混凝土外观质量、连续刚构预拱度、应力的控制要点，为我公司桥梁施工技术进步做出了开创性的探索与研究。

三、特　点

1. 围堰混凝土封底前，增加"袋装混凝土和高塑性黏土"预封底施工工艺，主要解决提高封底混凝土整体性，减少封底混凝土厚度，确保一次封底成功。

2. 悬臂连续箱梁混凝土设计强度等级高，通过合理控制微硅粉在混凝土中的掺量，来提高混凝土强度，达到设计高强度要求。

3. 悬臂箱梁挂篮施工，挂篮移动轨道采用自制研究的"加强型轨道"，解决了挂篮移动倾翻现象。

4. 边跨合龙段左右幅施工的钢管柱支架采取"支架整体移动"施工工艺，减少了支架拆装程序及节约了拆装材料损耗和机械设备的投入，缩短了施工周期，保证左右边跨段连续作业。

5. "刚性支撑柱"解决架桥机边梁安装难题，在引桥第四跨边梁安装时，采用刚性支撑柱作为架桥机前轨道支撑点，承受架桥机及所吊边梁所有重量。主要防止主桥箱梁翼板在架桥机前支撑体系作用下发生结构性受力破坏，达到既能安全进行T形梁的安装，又能确保主桥箱梁翼板不受损、架桥机不发生侧翻事故的目的。

6. 通过技术研究和技术咨询，并与设计单位、监控单位进行协商，编制了整套完整的桥梁施工组织设计方案。方案涉及国内现有深水基础双壁钢围堰、薄壁墩身、连续刚构桥梁挂篮悬浇施工、桥梁监控及新材料微硅粉在高强度等级混凝土中的应用等技术，并在此基础上实施了多项创新突破。形成2项工法、1项冶金行业专有技术、7项专利受理（其中4项发明，3项实用新型）。

总结形成了企业级工法《双壁钢围堰施工工法》、《桥梁挂篮悬臂浇筑施工工法》，采用的《跨河桥梁深水桩基础承台双壁钢围堰施工技术》2008年获中国冶金建设协会专有技术认定（见冶建协[2008]91号文）。项目研究过程中编制的可行方案《用于桥梁边跨合龙段施工的抱箍牛腿支架的搭设方法》获国家发明专利受理，受理号：200910062707.4；《大跨径预应力混凝土桥梁悬臂浇筑施工用的抱箍牛腿支架》获国家发明专利受理，受理号：200910062708.9；《大跨径预应力混凝土桥梁悬臂浇筑施工用的抱箍》获国家实用新型专利受理，受理号：200920086660.0。

该项目综合创新施工技术的成功应用填补了集团在大跨度、深水位的预应力混凝土连续刚构桥梁施工中的空白，应用于马梧桂江大桥工程取得了显著的技术经济效益和社会效益，课题组围绕工程在施工中制订的方案也得以全面落实，在桂江大桥的施工过程中采用以结构理论计算为基础的桥梁预拱设置和应力监控辅助大桥的施工方法，使成桥后的应力状态、运营时期的安全耐久性都达到了设计的标准，经相关权威检测机构对工程实体检测，各项测试指标均满足设计及规范要求，桥梁整体性能良好。◆

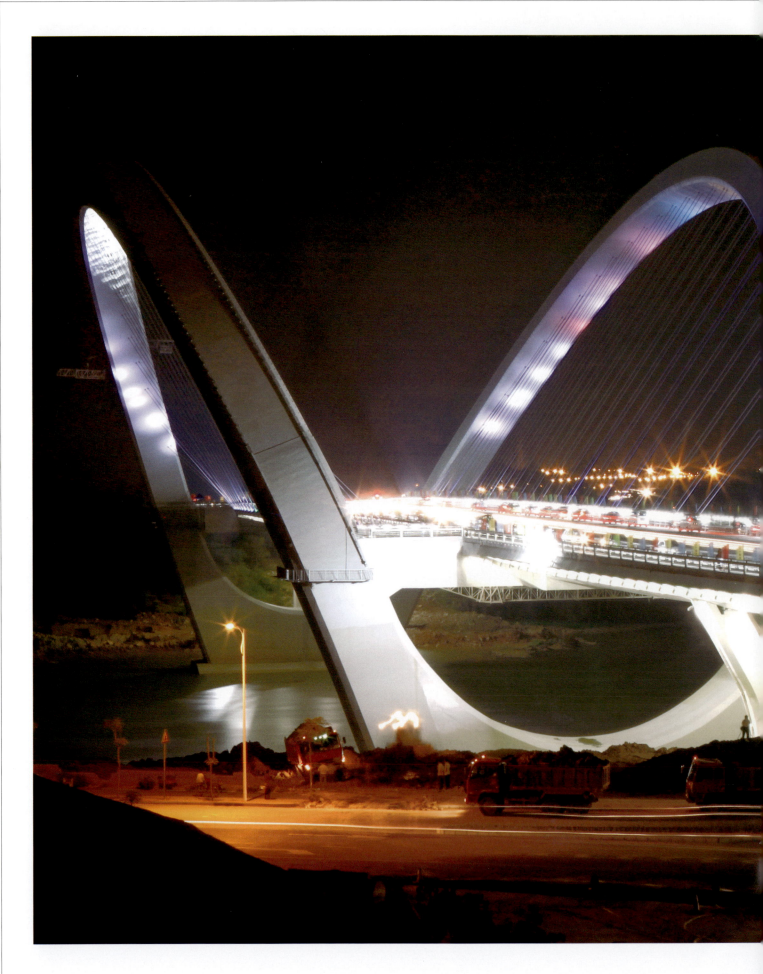

广西南宁大桥

- 桥名：广西南宁大桥
- 桥型：大跨径曲线梁非对称外倾拱桥
- 跨径：主跨300m
- 桥址：南宁市
- 建设单位：南宁市国研科技投资有限公司
- 设计单位：四川省交通运输厅公路规划勘察设计研究院
- 施工单位：中铁二局股份有限公司
- 监理单位：甘肃铁一院工程建设监理公司
- 经营管理单位：南宁市市政桥梁管理处
- 工程总造价：约6.9262亿元
- 工期：2005年3月5日至2009年9月21日

一、概 况

南宁大桥位于南宁市东南郊的青秀山风景区西侧，国宾馆荔园山庄东侧，北接青山路，跨越邕江，南接五象新区规划路，与南宁市外环高速公路相连。

南宁大桥的总体造型取意为"银蝶振翅、蝶舞邕江"，是我国自行设计、自行施工、自行组织科技创新的特大跨径城市景观桥梁，并形成了大跨径曲线梁非对称外倾拱桥建造成套技术，推动了我国桥梁景观建设和大跨径拱桥建造技术的进一步发展。

南宁大桥工程技术标准：道路等级为城市主干路Ⅰ级，双向6车道，设计速度50km/h，车道荷载为城-A级，桥梁及路基宽度35m，通航等级Ⅲ级，最高通航水位75.25m，设计洪水频率1%。

1. 气象

南宁属南亚热带季风气候，日照充足、气候湿热，年均气温21.6℃，最高气温40.4℃，最低气温-2.1℃，年均降雨量1304mm，设计基本风速U_{10}=25.9m/s，环境腐蚀类别C3～C4。

2. 水文

邕江南宁段蜿蜒曲折，水量充沛，河槽稳定，桥位处江面宽约400m，设计洪水位79.86m，最大水深30.2m，最大冲刷深度11.4m。

3. 地震及地质

场地地震基本烈度Ⅵ度。桥址区两岸地势较为平坦，地层结构简单，第四系覆盖层5～17m，下伏基岩为第三系湖积相南湖组泥岩，成岩性差，遇水易膨胀、溶化。

二、结 构

南宁大桥工程由跨越邕江的主桥、两岸引桥、引道及附属工程组成，路线设计总长1314.8m，桥梁总长734.5m，两岸引道共长580.3m。

主桥为大跨径曲线梁非对称外倾拱桥，单孔跨径300m，由两条倾斜的钢箱肋拱、位于R=1500m平曲线内的钢箱梁、倾斜的吊索、安装于钢箱梁内部的系杆等构件组成。两岸引桥全长434m，采用等高度预应力混凝土连续箱梁结构，跨径46m或50m。

主桥的两条外倾拱肋，外倾角度不同，矢高不同，桥面以上不设任何横向联系，通过倾斜的吊索支承弯曲的主梁。拱肋由拱脚的混凝土拱肋段和桥面以上的钢箱拱肋段组成，其结合部设置钢—混连接过渡段；主梁采用单箱单室扁平流线型全焊钢箱梁；拱与主梁相交处，设置预应力混凝土肋间平台连接东西两拱，并锚固空间系杆；系杆除平衡拱的推力外，还进行了水平弯曲布置，以平衡吊索

桥名：贵州坝陵河大桥
桥型：简支钢桁加劲梁悬索桥
跨径：主跨1088m
桥址：贵州省关岭县与黄果树管理区交界处
建设单位：贵州高速公路开发总公司
设计单位：中交公路规划设计院有限公司
施工（制造）单位：贵州省桥梁工程总公司
　　　　　　　　　中港第二航务工程
　　　　　　　　　上海宝钢集团上海二钢有限公司联合体
　　　　　　　　　贵州钢绳股份有限公司
　　　　　　　　　四川天元机械工程有限责任公司
　　　　　　　　　中铁九桥工程有限公司（原大桥局七公司）
　　　　　　　　　河北巨力索具股份有限公司
　　　　　　　　　贵州中广信电梯有限公司
　　　　　　　　　中国路桥(集团)新津筑路机械厂
　　　　　　　　　中铁大桥局集团武汉桥梁科学研究院有限公司
　　　　　　　　　重庆智翔铺道工程有限公司
　　　　　　　　　贵州省公路工程集团总公司
经营管理单位：贵州高速公路开发总公司
混凝土用量：250000m³
钢材用量：65000t
工程总造价：14.8亿元
工期：2005年4月至2009年12月

一、概　况

坝陵河大桥位于贵州省关岭县与黄果树管理区交界处，地处黔西地区高原重丘区，是沪瑞国道主干线贵州省境镇宁至胜境关高速公路上跨越坝陵河大峡谷的一座特大型桥梁，距镇宁至胜境关高速公路起点约21km，离黄果树风景区约7km。

大桥跨越神秘而充满历史古韵的坝陵河大峡谷，桥位处地形东缓西陡，谷深400~600m，桥面至水位约370m，是目前国内首座跨千米的钢桁加劲梁悬索桥，工程规模大、结构复杂、技术含量高，自主创新研发的十多项技术首次应用于大桥建设，多项技术指标位居国内外前列。

坝陵河大桥主桥为单跨1088m简支钢桁加劲梁悬索桥，东岸引桥为12×50m+（47+53+32）m+4×50m共五联19跨预应力混凝土连续刚构，长940.4m；西岸引桥采为一联4×50m预应力混凝土连续刚构，长200m；全桥长2237m。全桥浇筑混凝土约250000m³，使用各类钢材约65000t。全桥总概算14.8亿元，于2005年4月18日开工、2009年12月竣工通车，历时4年8个月。

公路等级为双向4车道高速公路，设计行车速度80km/h，设计荷载等级为公路-I级。主桥面宽24.5m，主缆中心距离28m，引桥整体式宽24.5m、分离式宽2×12m。主桥纵坡＜3%，桥面横坡双向2.0%。地震基本烈度为Ⅵ度，按Ⅶ度设防。抗风设计标准在运营阶段为100年一遇，桥面高度处10min平均年最大风速25.90m/s；在施工阶段为10年一遇，桥面高度处10min平均年最大风速21.76m/s。设计基准期为100年。

二、结　构

坝陵河大桥跨越坝陵河大峡谷，山高谷深，跨度大，采用何种桥型，成了建设者们关注的焦点。

设计单位作了连续刚构桥、斜拉桥、悬索桥三种桥型的设计，并对同桥型不同跨径的桥梁进行了综合分析。设计了主跨220m及268m的多跨连续刚构方案以及主跨400m三塔斜拉桥和主跨450m两塔斜拉桥方案。

经过对多个方案的可行性、安全性及经济性的综合比选，最终决定采用主跨为1088m的钢桁加劲梁悬索桥。

由于坝陵河大桥地处山区峡谷，山高谷深，两岸地势陡峭，场地狭窄，不能开辟出钢箱梁节段的拼装、焊接场地；加之桥位处河流浅、河面窄，无法通航。最终决定大桥的钢加劲梁采用钢桁架梁拼装式结构形式。

1. 锚碇

东锚碇：东岸锚碇为重力式框架锚，整个锚碇由锚块、前支墩基础、前锚室、前支墩组成，总体结构尺寸为71m（长）×45.5m（宽）×71m（高），共用混凝土82800m³。

西锚碇：为隧道锚，分左右隧洞，隧洞总轴线长74.34m，轴线水平倾角45°，地面以下最大垂直深度95m，洞口断面尺寸为10m（宽）×10.8m（高），洞底断面尺寸为21m（宽）×25m（高），左右隧洞最小净距7m，共用混凝土38500m³，锚塞体浇筑混凝土23000m³。

2. 索塔

采用门式框架结构，东塔总高185.788m，西塔总高201.316m，塔柱为单箱单室箱形断面，在塔顶及桥面处设预应力混凝土横梁，基础为承台群桩，桩径2.5m，东岸每根桩长60m，西岸平均桩长36m。

3. 缆索系统

主缆：主缆分跨为248m+1088m+228m，矢跨比1/10.3；全桥共设208根通长索，两边跨各设8根背索；每根主索由91根φ5.20mm镀锌高强钢丝组成，全桥共用钢丝11007.1t。

吊索：采用φ60mm钢丝绳，每一吊点设两根吊索，吊点间距为10.8m，全桥共用钢丝绳497.1t。

中央扣拉索：采用φ74mm钢丝绳，共设置6对，全桥共用钢丝绳6.6t。

4. 索鞍

主索鞍采用铸焊结合的混合构件，鞍槽采用铸钢铸造，鞍座采用钢板焊接，为减轻吊装运输重量，将鞍体纵向分成两半制造，吊装就位后用高强度螺栓连接，半鞍体重量控制在55t。散索鞍采用铸焊结合的混合构件,鞍槽采用铸钢铸造,鞍座采用钢板焊接,单件鞍体总重为72.3t。

5.钢桁加劲梁

由钢桁架及正交异性桥面板组成;钢桁架跨径1088m,单跨简支,桁高10m,宽28m;钢桥面行车道板厚16m,紧急停车带板厚14mm;共用钢材18298t。

6.钢桥面环氧沥青铺装

环氧沥青铺装由以下5道工序组成:①防腐涂装施工(环氧富锌漆,干膜厚度为60~80μm);②防水黏结层(0.68L/m^2);③环氧沥青混凝土铺装下层(厚25mm);④黏结层(0.45L/m^2);⑤环氧沥青混凝土上层(厚30mm)。

三、特 点

坝陵河大桥西岸为隧道锚,锚洞轴线长74.34m,轴线倾角45°,两洞净距由13m变到7m,属大倾角、小净距隧道锚。隧道锚顶部是关岭一号隧道,两者间垂直净距在隧道锚洞口处19.9m、底部处48.8m,两者间有溶洞存在,用多种地勘手段摸清群洞处地质情况后,采取注浆加固岩体、超前地质预报、时时监控隧道锚变形、关岭一号隧道施工注意控制装药量、隧道锚左右洞掌子面错开一定距离等措施。

1.采用本地机制砂实现高强度高扬程泵送混凝土。西主塔高达201.316m,塔身混凝土为C50级,按以往经验,混凝土需用河砂配制,由于贵州河砂质量差,省外购买成本高,能否用当地岩石加工成的机制山砂是贵州桥梁工作者一直思考的问题。大桥施工时,分析了机制山砂的质量状况和已配制混凝土的使用情况,在现场进行试验取得科学参数及合理工艺的基础上,终于一次成功将C50混凝土先向下泵送落差33.5m后又垂直向上泵送192m,顺利完成了高塔施工。

2.采用飞艇牵引先导索。坝陵河大桥东岸地势较缓均为耕地,西岸地势陡峭,人员攀爬非常困难。根据地形和环境情况,采用遥控氢氯飞艇牵引先导索取得了成功。此法操作简单、安全,节省人力资源,耗用时间短,不受地面条件限制,费用较低。

3.在超千米悬索桥上使用全回转全液压桥面吊机架设钢桁加劲梁。因受桥位处地形、构件加工及运输条件的制约,钢加劲梁选择了钢桁梁拼装结构,构件容易运输,可利用引道或引桥有限场地进行拼装。节段安装最快为4.5d,平均为8d。

4.设置气动翼板提高抗风稳定性。采用气动翼板和左右幅桥面板中间断开的抗风措施。气动翼板由骨架和蒙皮组成,安装在下检修道外侧支柱上。蒙皮采用PPS(聚苯硫醚)特种工程塑料,重量轻,可降低成本,解决了电化学腐蚀问题,理论使用寿命可达50年。

5.钢桥面铺装采用双层环氧沥青混凝土。坝陵河大桥为正交异性钢桥面,行车道钢板厚16mm,上铺双层环氧沥青,下层厚25mm,上层厚30mm;环氧沥青混凝土铺装面积23936m^2,环氧沥青294.6t。外侧检修道桥面钢板采用涂装防腐。环氧沥青混凝土作铺装层是贵州桥梁第一次使用。

6.主缆采用了"先缠丝后铺装"的先进工艺。有效地缩短了工期,保证了构件安装工序的连续性,减少了后续缠丝涂装工作对桥面的污染和损伤。

7.移动模架造桥机(MZ50/1300型)。东引桥及大花哨大桥箱梁属弯、坡、斜连续刚构桥,采用移动模架施工解决了与边跨猫道的冲突。

8.旅游桥特征明显。坝陵河大桥将具有旅游功能的观光电梯和通道纳入桥梁整体设计中。在东岸桥头设置大桥监控中心、管养中心和桥梁宣教馆。北有滴水滩三级瀑布,总落差410m,宏伟多姿;向西跨越大峡谷,有关索岭景群,蕴藏着三国时期诸葛亮率关索南征到此辟道刨泉的故事,走进国家地质公园可领略距今2亿多年的古生物风采;南距大桥约2km处,是神秘莫测的红岩天书,整座大桥与大峡谷风景融为一体。◆

广州东平水道桥

桥名：广州东平水道桥
桥型：连续钢桁拱桥
跨径：（99+242+99）m
桥址：广州市
建设单位：武广铁路客运专线有限责任公司广州建设指挥部
设计单位：中铁第四勘察设计院集团有限公司
施工单位：中铁大桥局
混凝土用量：209866m³
钢材用量：16686t
工程总造价：7.6亿元
工期：2006年8月至2009年9月

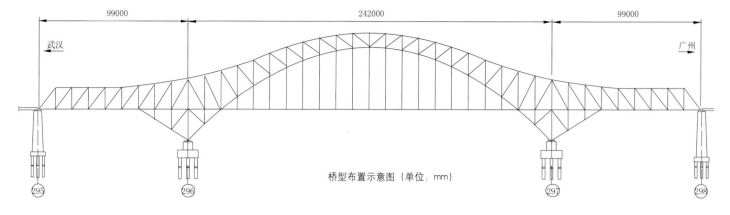

桥型布置示意图（单位：mm）

一、概况

武广客运专线东平水道桥位于广州和佛山交界处的佛山水道与平洲水道交汇口附近，共搭载四线铁路，两线为武广客运专线，另外两线为广茂线。

东平水道桥位于冲积平原区及高阶地，局部丘陵，地势平缓开阔，呈舒缓波状，略有起伏，多为农田，间布有水塘、村舍，沟渠纵横，交通较便利。

二、结构

主桥采用连续钢桁拱结构，孔跨为(99+242+99)m，边墩支座中心至梁端1m，主桥全长442m，为三片主桁结构，桁间距2×14.0m。

钢桁拱节间长度11m，边跨9个节间，中跨22个节间，边跨与中跨之比为0.409；边跨平行弦桁高14m，拱顶桁高9m，加劲弦高20m，拱肋采用二次抛物线，下拱圈矢跨比1/4，最大吊杆长度40.5m。

主桁采用整体节点，平弦和拱肋上下弦杆、桥面系杆、吊杆均采用箱形截面，竖杆和斜杆采用H形截面。

三、特点

1. 施工总体方案

本桥为三片主桁空间结构，受力复杂，荷载在三片主桁之间的分配不明确，控制三片主桁的线形一致难度很大。

合龙口杆件多，主拱部分的合龙口杆件多达9根，如果按理论杆件尺寸合龙，则需将这9根杆件对应的18个位移点同时调整到位。当对某点进行位移调整时，则其余的各个点也受到影响，合龙实施的难度大。

主墩支座反力大，墩顶布置难度大。安装过程中最大支座反力达50000kN，若按传统钢梁合龙方法，墩顶布置实施难度大。

本桥边中跨比为0.409，主拱悬臂施工时，为满足抗倾覆稳定要求，边跨侧需进行压重，压重规模浩大。

结合本桥主体结构的特点，钢梁架设采用"边跨用临时支墩辅助向中跨方向悬臂架设，中跨用吊索塔架辅助悬臂架设，最后中跨合龙"的总体架设顺序。中跨钢梁合龙时，采用边墩顶落钢梁（主墩不起顶）与吊索塔架调索相结合的综合合龙方法。

因桥址处河道较窄，航运繁忙，钢梁杆件从水上运输及架设的方案不可能实现，故只能通过陆路运输，再由专用门吊提升架设。边跨开始的四个节间由550kN门吊在支架上直接拼装，然后利用门吊和汽车吊在钢梁上弦拼装550kN全回转架梁吊机，剩余节间钢梁全部由门吊负责提升至桥面运梁小车上，运至待架梁段附近，再由架梁吊机安装。中跨钢梁悬臂架设至第四节间后，开始在武汉侧边跨压重，并将广州侧边墩锚固；悬臂架设至第八节间后，张拉吊索塔架的扣索，之后方可继续悬臂架设钢梁直至合龙。

2. 主要技术特点

(1) 三主桁钢桁拱线形控制技术。三桁结构受荷载分配、索力偏差、制造误差、施工误差和温度等影响，三片主桁的线形通常有一定的差异，主要表现为中桁高程比边桁低、中桁纵向里程比边桁短等。如果这些线形差异超出一定范围，则可能导致横联及平联安装困难，如果这些线形差异一直累积至合龙口，则将极大地增加合龙风险。因此，必须在钢梁架设过程中严格控制三片主桁的线形差异。

在本桥钢梁架设中，经过不断探索和实践，可以通过控制冲钉打入数量、高栓终拧进度、桥面板焊接进度、横联及平联安装进度以及采用边桁适当压重的方式控制线形。

(2) 边墩顶落（主墩不起顶）与调索的综合合龙方法。按传统钢梁合龙方法，合龙时通过边墩落梁或主墩起顶，消除钢梁前端转角，让竖杆垂直；然后通过一侧钢梁整体抬高（边墩和主墩支点同时抬高），使得合龙口两侧的钢梁高程一致；最后依次合龙下弦、上弦和斜杆完成拱的合龙。

按传统合龙方法，至少需要一个主墩起顶，而本桥主墩反力达到50000kN/桁，墩顶布置实施难度大。经过研究论证，本桥合龙采用新的合龙方法——边墩顶落（主墩不起顶）与调索的综合合龙方法。该方法为通过调索，将钢梁前端转角尽可能调小，然后两岸边墩落梁，将钢梁合龙口调至设计长度，依次合龙下弦、斜杆和上弦。

边墩顶落（主墩不起顶）与调索的综合合龙方法的具体实施步骤如下：

第一步：安装合龙杆件的一端，杆件的另一端留作合龙口，安装拱上弦的合龙口顶拉设施，测量合龙口的横向、高程差和两侧钢梁角度总差值，算出边墩的落梁值和纵移值。如果顶落量超出允许的范围，调整索力，将两侧钢梁角度总差值减小，直至满足要求。

第二步：启动中墩或边墩的横向千斤顶，调整钢梁中线，起顶边墩钢梁，将边墩钢梁落梁到位。

第三步：启动纵向水平千斤顶，将武汉侧钢梁纵移到位。

第四步：打入合龙口钢销，完成合龙口临时锁定；打入下弦冲钉，施拧部分高栓，完成下弦合龙，先合龙中桁，再合龙边桁。

第五步：通过上弦的顶拉设施，对合龙口进行对顶或对拉，微调斜杆合龙口尺寸，打入斜杆冲钉，施拧部分高栓，完成斜杆合龙。

第六步：通过上弦的顶拉设施，对合龙口进行对顶或对拉，微调上弦合龙口尺寸，打入上杆冲钉，施拧部分高栓，完成主拱合龙。

第七步：主拱合龙后，释放一个主墩的临时纵向约束，此时系杆合龙口尺寸比理论尺寸短，通过起顶边墩支点，将系杆合龙口张开至理论尺寸，打入系杆冲钉，施拧部分高栓，完成系杆合龙。

(3) 双向可调式后锚固。为满足钢梁悬臂架设过程中抗倾覆稳定的需要，需在边跨侧钢梁进行压重或后锚固。

由于本桥边跨与中跨之比偏小，钢梁架设过程中的抗倾覆稳定就成了一个很大的难题。如果采取全部压重方案，寻找如此庞大的压重材料非常困难；如果采取全锚固方案，将来中跨的纵移合龙势必存在一定困难和风险。

通过研究并结合合龙的特点，最终选择采取"武汉侧边跨前六个节间压重，广州侧边墩墩顶锚固"的方案。在具体实施过程中，武汉侧采用边跨压重：前六个节间压重量为250kN/m/桁，总压重量为16500kN/桁；广州侧采用边墩锚固，按每桁8810kN进行锚固设计。

由于武汉侧边跨钢梁的压重量较大，从钢梁受力的角度考虑，需要分批完成压重。

为实现在大吨位锚固力作用下后锚固结构能够双向可调的功能，经过充分论证和精心设计，决定将锚固位置设在边墩墩顶节点中心往后1.6m处，于是在钢梁尾部通过栓接接长了1.8m。接长梁顶面布置有MGE滑动面、上扁担梁，然后通过40Cr材质的张拉杆与高强钢丝索相连，再锚固于下扁担梁上，下扁担梁又通过墩身预埋钢绞线束锚固于墩顶上。边墩墩顶钢梁的顶落是通过张拉杆上锚杯螺母上下旋动来实现。钢梁受温差的影响，其纵向位移的实现是由钢梁顶、底面的滑动面来完成的，同时，为了稳妥起见，如果锚固用扁担梁每偏移竖直面达2cm时，使用2台250kN水平顶顶回原位。◆

河北清水河工业南桥

桥名：河北清水河工业南桥

桥型：下承式简支系杆拱

跨径：主跨111m

桥址：河北省张家口市

建设单位：张家口市城市建设开发总公司

设计单位：北京市市政设计研究总院

施工单位：天津城建集团有限公司

混凝土用量：约640m³

钢材用量：2500t

工程总造价：0.44亿元

工期：2008年1月至2009年1月

一、概况

工业南桥位于清水河水环境治理三期工程新河道桩号K9+800处，由两侧引桥及主跨径111m主桥构成，桥梁全长147m。主桥为钢结构下承式系杆拱，拱肋外翻约18.4°。主桥为双向4车道，双侧非机动车道及双侧人行道；全桥宽39.5~51m，桥梁面积为4869m²。桥位与规划河道中线交角为93.1°。桥梁设计标准断面为两幅路形式：中间行车道宽17m，机动车道两上两下，两侧非机动车道各宽3m，外侧各设3m宽的人行步道。主桥两侧设置引桥，结构为混凝土箱梁。

桥梁设计荷载为城-A级，本场地地震烈度为Ⅶ度，设计基本地震加速度值为0.10g，场地土类别为Ⅱ类，设计特征周期为0.35s。设计洪水标准为50年一遇洪水位标准，且在遇到100年一遇标准时洪水不漫桥。50年一遇洪水位为731.160m，100年一遇洪水位为731.87m，设计洪峰流量为2417m³/s。规划河道底口宽度为136.2m。设计抗风速为32.5m/s，风压为0.6kN/m²。

二、结构

1. 主桥

主桥为跨径111m下承式钢结构系杆拱桥，矢高22.2m，矢跨比为1/5。双拱肋外倾，倾斜度为1/3。车行道断面宽度为17.8m，人行步道与车行道分离，断面宽度为6.2m。主桥结构为横向受力体系，其上部结构可进一步分为下列子结构：拱肋，吊索，系杆，端横梁，主横梁，车行道纵梁，车行道横梁，人行道纵梁，车行道桥面板，人行道桥面板等部分。

（1）拱肋。本桥主拱结构为外展式拱桥，拱肋高22.2m，矢跨比1/5，横桥外倾，倾斜度为1/3，约18.435°。拱轴线为二次抛物线。拱肋、拱肋加劲肋、拱肋隔板均采用Q390D钢材。

拱肋为箱形截面，拱脚处截面在距拱脚13m范围内渐变，由最大截面尺寸2.2m×2.2m变为2.2m×1.7m，外层板厚均为4cm。其余至拱顶段均为标准截面，截面尺寸为2.2m×1.7m，外层板厚均为2.5cm。拱脚边宽段设置十字肋，至拱顶标准段纵桥向间距2m布置一块隔板，吊索处隔板竖直布置，其余隔板垂直于拱轴线布置。

（2）吊索。全桥纵桥向共设12排吊索，每排吊索共4根，外侧吊索布置在靠步道一侧横梁，内侧吊索布置在靠车行道一侧横梁。吊索纵向间距8m。

吊索成品索采用1860级Φ15.24无黏结环氧喷涂钢绞线缠包后外挤PE（聚乙烯），外侧吊索采用15-6型钢绞线，内侧吊索采用15-19型钢绞线。吊索上端锚点为穿销铰，吊耳钢板深入拱肋内与对应隔板焊接；下端直接锚固于横梁底板上。吊索及吊耳设计安全系数取值为3.0。

（3）系杆。系杆采用Q345D钢材，截面尺寸为1.0m×1.0m，顶底板厚度为2cm，腹板厚度为1.6cm。系杆每隔2m设置一道隔板，纵向加劲肋穿隔板处在隔板开孔，开孔处隔板与纵向加劲肋单侧焊接。

系杆与主横梁连接处构造为主横梁掏孔系杆连续穿过，并与主横梁腹板及加劲肋焊接。横梁加工时应在出厂前与部分系杆共同预制，预制系杆两侧伸出横梁各50cm；系杆与横梁角度为90°，纵向坡度为0%，节间直线连接。

（4）横梁。主横梁采用Q345D钢材，主截面尺寸为1.5m×0.8m箱形截面，人行道处横梁为变截面，截面尺寸由1.5m×0.8m变为0.25m×0.8m。

主横梁纵桥向间距为8m，箱室内与车行道纵梁对应处，及系杆两侧位置设置横隔板。纵向加劲肋穿隔板处在隔板开孔，开孔处隔板与纵向加劲肋单侧焊接。

端横梁采用Q345D钢材，截面为单箱双室截面，截面全宽为7.8m，箱室中心高度2m。顶底板厚度为2cm，腹板厚度为1.6cm。

端横梁在引桥方向设90cm高、80cm宽牛腿，牛腿与端横梁底板为整钢板。牛腿上支座位置设2cm垫铁，其上放置引桥支座。端横梁加工时，出厂前在对应位置上预焊出25cm车行道纵梁。

（5）车行道纵梁。车行道横梁间共设6道纵梁，纵梁间距为3.44m。纵梁采用Q345D钢材，纵梁采用尺寸为11000mm×300mm

工字钢,上翼缘板厚度为1.8cm,下翼缘板厚度为1.6cm,腹板为1.2cm。纵梁与主梁预焊段现场焊接。

纵梁在相对应位置上应预焊出25cm车行道横梁。

(6)车行道次横梁。车行道纵梁之间布置次横梁,间距2.2~2.4m不等。次横梁采用Q345D钢材,尺寸为1600mm×300mm工字钢,上、下翼缘板厚度为1.2cm,腹板厚度为0.1cm。与纵梁预焊段焊接连接。

(7)人行步道纵梁。人行道纵梁采用Q345D钢材,截面为330mm×200mm×10mm方钢管搭设在主横梁上,与主横梁采用焊接连接。

(8)桥面板。车行道采用25cm厚CF45钢锭铣销型钢纤维混凝土桥面板,人行步道采用1.2cm厚Q235C钢桥面板。

2.引桥

引桥采用现浇预应力混凝土箱梁,跨径为13.92m,梁高1.1m。边支座设置在主桥端横梁上,另一侧设在桥台上,支座设置上下垫石。

3.下部结构基础

基础采用扩大基础,0号、3号为重力式桥台,基础尺寸为40.5m×6.2m;1号、2号为椭圆形墩柱,基础尺寸为10m×8.5m。

三、特　点

1.吊杆体系优化。

结构特性比较表

结构特性	平行钢丝	平型钢绞线
材料规格	φ5~φ7镀锌钢丝	φ15.24mm镀锌钢绞线、环氧喷涂钢绞线
材料强度	1470~1670MPa	1770~1860MPa
应力幅	200MPa	250MPa

从上表可以看出,采用比钢丝束强度(1670MPa)更高的1860MPa级钢绞线,在相同设计应力下,索体钢丝的总面积可以减少,索体总重相应地也可以降低,能够改善桥梁的承重条件。而且动载应力幅达到250MPa的钢绞线体系具有更好的抗疲劳性能。设计时通过调整体外系杆和体内预应力所占的比重,优化了桥面板的受力,提高了桥梁耐久性,节约了工程投资。

2.平型钢绞线防护方式。四层防护:环氧涂层+油脂+单根钢绞线热挤PE+整体索外包PE护套。

钢绞线索采用单根聚乙烯护套防护,整束缠包高强聚脂带再挤包聚乙烯护套的多层防护制作工艺。由于钢绞线之间有聚乙烯护套相隔,结构阻尼较钢丝拉索要大,大大减少了PE护套的拉应力,有效减少PE开裂的可能,提高了PE的耐久性。

3.本工程获得2008年北京市市政工程设计研究总院优秀工程设计一等奖。

4.本工程获得2010年第三届欧维姆预应力设计奖。◆

河北清水河解放桥

桥名：河北清水河解放桥
桥型：梁桥改造
跨径：(25+32+32+25)m
桥址：张家口市清水河
建设单位：张家口市城市建设开发总公司
设计单位：天津市市政工程设计研究院
施工单位：河北盛通公路建设有限公司
混凝土用量：1117.6m³
钢材用量：535t
工程总造价：0.13亿元
工期：2009年5月至2009年9月

一、概　况

解放桥位于张家口市市中心，是上跨清水河的重要桥梁和沟通桥西区与桥东区的重要通道。解放桥改造主要包括在原解放桥两侧各新建两座人行桥。人行桥桥型采用飞燕形斜拉桥形式。对原解放桥断面进行调整。

改造前的解放桥桥梁全宽(38.641～38.691)m，外侧两幅桥原相互独立，建于20世纪60年代。20世纪80年代在原两幅桥中间进行拓宽后形成现状桥梁。北桥桥长112.54m，南桥桥长112.9m，共有14跨，跨径为5.2～8.3m。现状为双向6车道，机非混行，两侧人行道各3m。上部结构分别为现浇Π形梁和预制板梁，墩柱分别为重力式墩和圆柱式墩，基础为扩大基础。

新解放桥在原解放桥两侧各新建一座人行桥，使人行与机非车道分离，单成系统。人行桥结构为连续钢箱梁，每座人行桥各有三个桥塔，塔之间距离为32m。桥塔全高14.9m，人行道以上12.5m，桥塔为纯钢矩形截面，截面以曲线形式向顶部过渡，并在中间分为两个矩形截面至顶部。每个桥塔上设8根刚性拉杆，间距4m，上端与桥塔上耳板相接，下端与钢梁悬臂上的耳板相接。人行桥钢箱梁中墩下部结构采用混凝土盖梁接墩柱接扩大基础的结构形式。桥塔下部采用混凝土塔基与墩柱共用一个扩大基础。塔基顶部预埋精轧螺纹钢与桥塔连接。桥台采用U形桥台接扩大基础。

新建人行桥跨径为25m+32m+32m+25m，分为左右两幅，桥宽5m，桥梁总面积1150m²。人行桥设计荷载为4.0kPa；桥梁断面设计为0.3m（栏杆）+4.0m（人行道）+0.3m（栏杆）+0.4m（拉杆区域）；对原解放桥车道进行划分调整，将原双向6车道改为双向8车道；原3m宽人行道加宽至4m，并改造为非机动车道；原解放桥改造后断面是4m非机动车道+0.2m分隔区+14m机动车道+（0.2241~0.2291）m分隔带+14m机动车道+0.2m分隔区+4m非机动车道。人行桥桥梁横坡1.5%；桥梁纵坡与原解放桥一致；净空不小于2.5m；设计地震震烈等级Ⅶ度，地震动峰值加速度系数为0.15g。

桥址张家口市清水河属于永定河水系洋河支流，由北向南纵贯张家口市主城区。清水河属北方季节性河流，河流流量丰枯变化大，洪水泥沙含量高。主城区段河道宽度100~160m，河道平均纵坡0.8%。

二、结　构

本工程主要的桥梁结构为原解放桥两侧新建的两座人行桥。人行桥桥型采用飞燕型斜拉桥形式。

1. 桥梁上部结构构造

（1）人行桥主梁及桥塔。人行桥内边线距原解放桥外悬臂边距离为2cm。每座人行桥各有三个桥塔，塔之间距离为32m。桥塔全高14.9m，人行道以上12.5m为纯钢矩形截面，塔根部尺寸为0.9m×1.2m，截面以曲线形式向顶部过渡，并在中间分为两个矩形截面至顶部，顶部截面尺寸为0.3m×1.0m。桥塔中设计隔板，隔板与桥塔腹板和底板焊接，与桥塔顶板磨光顶紧。每个桥塔各有8根拉杆与人行桥主梁的外侧悬臂相连。

人行桥主梁为单箱箱形截面钢梁+外侧悬臂，钢梁高1.1m，宽2m，主梁内每隔2m设一道厚10mm的横隔板。主梁外侧悬臂长3m，悬臂间距为4m，为工字形截面，与主梁焊接，根部高0.7m、宽0.6m，端部高0.2m、宽0.3m，悬臂上设有3个工字形型钢作为小纵梁。主梁+悬臂即桥梁结构全宽5m，人行道净宽4m。横坡为向外侧1.5%。

每个桥塔上的8个拉杆关于墩位线对称，间距4m，上端与桥塔上耳板相接，下端与钢梁悬臂上的耳板相接。拉杆采用刚性拉杆，为定型产品。

（2）人行道。人行道铺装分为主梁部分和悬臂部分，主梁部分人行道铺装采用水泥基防滑层，悬臂部分采用中夹PVB的双层钢化玻璃，玻璃板尺寸为1m×1m，下设150型驳接件与小纵梁相接，玻璃钢及驳接件均为定型产品。

（3）钢梁预拱度。钢梁在32m跨跨中按二次抛物线形式向上设置2cm预拱度，边拱跨中按二次抛物线形式向上设置1cm预拱度。

2. 桥梁下部结构构造

新建人行桥钢箱梁中墩下部结构采用混凝土盖梁接墩柱接扩大基

础的结构形式。桥塔下采用混凝土塔基与墩柱共用一个扩大基础。塔基顶部预埋精轧螺纹钢与桥塔连接。桥台采用U形桥台接扩大基础。基础材料均为C30混凝土，钢筋为HRB335级钢筋。

中墩扩大基础为三层。每层高为1m，上层尺寸为5m×5.6m，中层尺寸为6m×6m，下层尺寸为6.2m×6.2m。扩大基础下地基容许承载力不应小于400kPa，若地基承载力不满足要求，应对地基进行处理。

中墩扩大基础的定位原则为：新建人行桥南桥S2号墩分跨中心线与原解放桥南桥由西向东第七个墩柱中心线位置一致。扩大基础顺桥向中心线位置距老桥外边线3.68m。南桥S1号和S3号墩位置相距S2号墩位置32m，方向为沿老桥外边线方向。北桥N2号墩基础位置是南桥S2号墩位置关于老桥桥梁中线垂直镜像位置，N1号与N3号定位原则与S1号与S3号相同。

中墩混凝土盖梁端部高0.3m，根部高1.2m，全宽4.74m。宽0.9m，盖梁顶设两个高0.5m、宽0.3m的抗震挡块。支座间距2.4m。

墩柱截面为矩形截面，尺寸为1.9m×0.9m，墩柱下端接扩大基础，上部接盖梁。

桥台扩大基础顶面高程与中墩扩大基础相同，扩大基础为两层，每层高1m。上层尺寸为3m×5.8m，下层尺寸为4m×6.2m。桥台台身厚1.4m，背墙厚0.4m。

三、特　点

本工程的主要目的为在不破坏原桥结构的前提下尽可能地提升原解放桥的城市景观功能、提高原解放桥的交通通行能力。同时，施工不能断交。

本工程的主要设计特点为：

1．人行桥结构的设计。由于原桥桥下的墩柱数量较多，对本桥的桥梁景观效果影响较大，需要尽可能地利用新建人行桥来减轻原桥水中墩柱过多而对景观效果的影响，故人行桥的上部结构设计为钢箱梁加大悬臂的结构形式。钢箱梁宽2m，悬臂长3m。这种结构有几个优点：梁高较低，钢梁高为1.1m，与原结构的梁高相同，在满足要求的前提下，梁顶和梁底高程可以与原桥保持一致；3m的大悬臂结构可以很好地减轻原桥水中墩柱过多对景观效果的影响。

2．人行桥桥面的设计。人行桥的桥面设计了钢化玻璃材料。行走在人行桥的行人可通过透明的钢化玻璃直接看到清水河的水面；夜晚，设置在桥下的景观灯光也可以透过玻璃桥面，照亮玻璃桥面。但考虑到过多地设置透明玻璃桥面会使行人产生一定的危险心理，故我们将玻璃桥面设计为透明与非透明玻璃相间布置的形式。同时对非透明玻璃设计防滑构造，提高了玻璃桥面的防滑能力。钢化玻璃尺寸为1m×1m，设有驳接件与钢梁相接。

3．人行桥桥塔及拉杆设计。人行桥的桥塔和拉杆主要是进一步提升解放桥的整体景观效果，人行桥桥塔采用飞燕造形。每座人行桥分别设置三个桥塔，桥塔位于人行桥中墩处，与人行桥中墩共用基础。

4．在相对较少的投资条件下，通过对原有桥梁断面的重新划分和调整，将原双向6车道、机非混行的断面改造为双向8车道、机非独立的断面。同时，通过桥梁两侧新建的人行桥来满足人行功能和景观功能：透明与非透明钢化玻璃相间布置的桥面，较少的水中墩，较大的人行桥悬臂对原桥梁较多墩柱的遮挡，以及线形流畅、造型优美的桥塔，都很好地提升了桥梁的景观效果。◆

河北清水河建设桥

桥名：河北清水河建设桥
桥型：平行双索面三跨自锚式悬索桥（钢加劲梁）
跨径：（30+90+30）m
桥址：张家口市
建设单位：张家口市城市建设开发总公司
设计单位：北京市市政设计研究总院
施工单位：天津市城建集团有限公司
混凝土用量：9000m³
钢材用量：2823t
工程总造价：0.64亿元
工期：2009年1月1日至2009年9月20日

一、概况

桥梁总长度150m，跨径布置为30m+90m+30m，桥梁宽度36m，桥梁面积5400m²。主桥采用平行双索面三跨自锚式悬索桥的结构形式，主梁纵坡1.5%，竖曲线半径2500m，车行道横坡1.5%，人行道向内横坡1.5%。主缆由多股平行钢丝成品索组成，中跨和边跨主缆成桥线形均为二次抛物线，中跨主缆矢跨比为1/5，边跨主缆矢跨比为1/14.5，主缆横桥向间距22m，吊杆纵桥向标准间距5m，边跨间距4.5m。主桥上部结构采用纵向漂浮、横向固定的支承体系，在桥塔和梁端处加劲梁底设盆式橡胶支座。

二、结构

1. 主梁设计

加劲梁由4个钢箱梁组成，梁高1.4m，顶底板厚20mm，顺桥向焊有间隔650mm、板厚8mm的U形肋，穿越横梁，组成正交异性结构的钢桥面板。每个箱梁纵向设2道腹板，板厚16mm。主跨吊杆间距5m，边跨间距4.5m。相邻吊杆之间设一道横隔梁，横梁腹板厚16mm，焊有12mm厚的竖向加劲肋，下翼缘厚20mm、宽500mm，箱梁内的横隔板上设直径500mm的人孔，人孔处设环形加劲肋。

钢主梁与端横梁的连接段钢梁端板采用40mm的厚钢板，其上焊有间距500mm×500mm的剪力钉。钢箱梁与端板的连接增加T形加劲肋，该加劲肋不贯穿横隔板。此外还采用精轧螺纹钢加强。索塔处横隔梁腹板厚加大到30mm。

人行道悬臂最外侧端板应以人行道封头构造为准，并考虑施工方便。

2. 索塔及墩桩基础

索塔为"门"式钢筋混凝土框架结构，桥面以上高24.003m，全高33.000m，索鞍以下为矩形混凝土实心截面，尺寸为250cm×200cm，上横梁为矩形截面钢结构，中心高度180cm，与索塔相接处高250cm。下横梁宽210cm，是中心高度2.2m的变高度矩形截面，厚50cm，下横梁内配2根25-15.2和4根15-15.2的预应力钢绞线。采用符合《预应力混凝土用钢绞线》(GB/T 5224—2003)标准的低松弛高强度预应力钢绞线,标准强度f_{pk}=1860MPa,弹性模量E_p=1.95×105MPa,松弛率2.5%。

每根塔柱下设9.0m×9.0m×3.0m的承台,每个承台下设4根直径2.0m的钻孔灌注桩,桩长23m,单桩承载力9426kN。

边墩与桥台作成一体,并设检修室作为基础。检修室尺寸为11.2m×37.06m,基础基底承载力1000kPa。

3. 主缆及吊杆体系设计

上下游各设一根主缆,每根由19根61丝直径5mm预制平行钢丝索编排而成,钢丝为高强度镀锌钢丝,强度为1670MPa。主缆空隙率指标:索夹处18%,索夹外20%,主缆理论直径190mm。主缆的施工采用预制平行钢丝索逐根架设的施工方法。

全桥吊杆共58根,靠近锚块处的4根吊杆采用直径100mm刚性吊杆,材料选用镀锌40Cr钢;其余吊杆采用直径91mm高强度镀锌钢丝成品索,标准强度为1670MPa,双层PE保护层,冷铸锚锚固体系。

吊杆上端与索夹采用叉耳板销接,下端锚固于横梁间的锚箱底部,在与主梁结合处设防水罩,下锚头采用防腐油脂处理,再加防水护罩,并在索管内注入发泡材料。

4. 索鞍、索夹及散索鞍设计

索鞍由鞍体、底座组成,全桥共4个。鞍体采用ZG45II铸钢铸造,应符合《一般工程用铸造碳钢件》(GB 11352—2009)。

底部设3mm厚的四氟板和5mm厚的不锈钢板,底座与索塔预埋钢板通过高强螺栓固定。鞍槽底部为1615mm半径的圆弧线槽。于槽底和侧壁的端部,倒半径10mm的圆角以保护主缆钢丝。

主缆在索鞍槽内逐股排放定位,待19股成品索全部定位后,采用锌铝合金条封填,由专业厂做索鞍的防腐,然后盖上橡胶板,紧螺栓,使主缆在鞍座内固定。

架设主缆时,鞍体在塔顶设17cm预偏量,在施工过程中,对索鞍逐步顶推复位。成桥后,在索鞍上安装保护罩。

索夹由左右两个半圆铸钢构件组成,高强螺栓连接,根据吊杆力及索夹处主缆倾角的不同,索夹长度与螺栓数量也不同。全桥共29对索夹,分4种类型,索夹下端伸出吊耳与吊杆销接。

散索鞍的作用是将主缆由一根整索分散成19股单束,构造与索鞍类似。散索鞍在施工时允许1.0cm的顺桥向位移。

三、特　　点

1. 自锚式悬索桥的上部恒载及活载通过加劲梁传至吊索,吊索传至主缆,主缆通过散索鞍将力传至主梁,形成强大的轴向预应力,这样就省去了庞大的锚碇,具有良好的经济意义。

2. 自锚式悬索桥主缆的锚固形式是与地锚式最大的不同之处,根据受力大小和锚固区构造的不同,可采取直接锚固、散开锚固和环绕式锚固等不同方式,本桥采用的是散开锚固方式。

3. 主塔采用爬模施工,主缆的架设采用猫道。由于主缆非线性的影响使吊索张拉时的施工控制变得尤为关键。本桥施工控制模拟采用螺纹绝对旋出量控制法,这种方法简单可靠,得到了施工单位和业主的好评。

4. 桥梁上部结构及下部结构施工时,由于上下游橡皮坝可以阻水,为现场施工提供了良好的工作面,尽可能节省了工程费用。◆

湖北清江大桥

桥名：湖北清江大桥
桥型：独塔混凝土斜拉桥
跨径：（40+40+70+220）m
桥址：恩施市
建设单位：湖北沪蓉西高速公路建设指挥部
设计单位：湖北省交通规划设计院
施工单位：中交二公局第一工程有限公司
混凝土用量：37303m³
工程总造价：0.95亿元
工期：2006年1月至2009年11月

一、概　况

独塔PC斜拉桥，其跨径布置为40m+40m+70m+220m，全桥长380.4m；桥梁总体结构为塔（墩）梁固结体系，主梁与其他墩台之间设支座连接。公路等级为高速公路，设计行车速度80km/h。桥址区地震基本烈度为Ⅵ度。桥址区及其附近无深断裂通过，亦无新构造活动痕迹，桥址区域稳定性较好。

桥址区处于鄂西南恩施盆地，属于构造侵蚀溶蚀低山峡谷地貌，大桥以约209°走向跨越清江，北东侧（恩施岸）岸坡多被第四系覆盖，植被发育较好，桥台处地面高程517.45m，自然坡角25°～35°，索塔位于岸坡中下部较平缓部位，自然坡角15°～25°；南西侧（利川岸）桥台位于岗脊附近，地面高程约517m，临江为悬崖，自然坡角大于70°，局部为负坡。河谷断面呈V字形，河床宽40～50m，河床高程约390m，切割深度150m左右。

桥位区处于白扬向斜北西翼，北东侧（恩施岸）出露地层为三叠系下统大冶组第三段、第二段薄～中厚层状灰岩，倾向80°～120°，倾角

25°~40°；南西侧（利川岸）上部出露地层为白垩系上统正阳组紫灰色砾岩，倾向265°~296°，倾角20°左右，与下伏三叠系下统大冶组呈角度不整合接触。清江北东岸（恩施岸）出露灰岩，岩溶强烈发育，主要岩溶形态有落水洞、溶沟、石芽、溶隙（孔）等；清江南西岸（利川岸）砾岩陡崖上亦见少量溶蚀洞隙。该桥属于超大跨度特殊桥梁；由于路线整体布置的需要，桥面相对高程较大（桥面位于最高通航水位以上约120m），采用超高的塔墩结构；索塔全高166.50m，桥面设计高程以上高度约95.5m、桥面以下高度约71m，其施工的难度、受力的复杂性以及由此对施工过程及全桥的结构稳定和整体安全的影响等等，都存在一系列的难题和关键技术。

清江北东岸（恩施岸）基岩为三叠系下统大冶组薄~中厚层状灰岩，分布连续，厚度大，岩体力学强度较高，但岩溶较发育，影响岩体完整性，基础稳定性一般；边坡为横向坡，岩层产状对边坡稳定有利，岩体中无深大裂隙，故岸坡整体稳定性较好。但局部第四系残坡积物较厚，基础开挖可能引起小规模滑塌。清江南西岸（利川岸）岸坡陡峻，桥台一带出露基岩为白垩系正阳组（K_2Z_1）紫灰色厚层砾岩，形成直立陡崖，附近发育有深大裂隙，局部已贯穿。

二、结　构

清江大桥桥面全宽28m；其中两侧锚索区各宽1.75m，桥面有效宽度为24.5m（其中，中央分隔带1.5m，两侧安全带各0.5m）。桥面铺装采用11cm厚的沥青混凝土层（与路面工程同厚度），沥青混凝土与桥面板混凝土之间设防水层，沥青混合料中掺聚酯合成纤维增强耐久性和强度；中央分隔带外侧和桥面边侧安全带设钢质防撞栏杆；中央分隔带中间设防眩板。

主梁主要采用构造简单、施工方便的双边主肋形预应力钢筋混凝土主梁方案（即一般简称为边主梁）：主梁顶面全宽28m、底面全宽28.5m，顶面设2%双向横坡，边肋高2.4m，梁中部全高2.68m，顶板厚32cm；顶板设两道纵向加劲矮肋（肋高一般为80cm、宽为1.0m）。因总体结构受力和控制结构变形的需要，部分梁段采用箱形截面或实心截面。每一节段主梁设一道横隔梁，横隔梁全高与主梁全高相同，横隔梁宽度为32cm。

整体索塔结构分上部"塔身"和下部"塔墩"两部分；索塔全高166.50m，桥面设计高程以上高度为95.453m。索塔顺桥向为独柱形式；上部塔身（横桥向）为宝石型结构，高度为131.80m（不含塔顶辅助设施的建筑高度）；下部塔墩（横桥向）为带横梁的门形结构，塔墩高度为34.7m。塔墩下设高6m的实心承台，承台下设24根ϕ3.0m的桩基。

全桥共设50对斜拉索；斜拉索采用镀锌低松弛高强度平行钢丝束，为双层PE防护、工厂生产的成品索。

三、特　点

1. 结构设计计算

（1）采用构造简单、施工方便的边肋型主梁；采用椭圆形截面的索塔造型。

（2）主跨220m的PC斜拉桥在各种工况下受力分析与结

构计算，特别是超高塔墩在施工过程及运营阶段的静、动力计算与结构稳定性分析等；其中最为关键的是合理确定斜拉索张力、主梁结构配重等；边跨靠近端头的箱梁内以特制的"重混凝土"压重，仅使用单纯的抗压支座，而无须抗拉，即可达到增加结构刚度、简化支座结构、节省支座费用的目的。

（3）为减小槽口尺寸，以免过多切断主筋，索塔锚固区采用深埋锚具；锚固区的局部受力计算和合理性分析；结构几何非线性和材料非线性计算分析。

（4）超高塔（墩）的大跨度桥梁遭受风荷载作用下的安全稳定性分析。

（5）特大跨斜拉桥的地震反应分析。

（6）结构在预应力条件下的二次力计算分析、温度场分析、体系转换等技术研究。

2．施工工艺

（1）超高塔（墩）的大跨度斜拉桥施工过程中结构的线形和受力控制等技术研究。

（2）远距离、超高扬程的泵送条件下混凝土质量控制方法研究（最高扬程95m）。

（3）利用斜拉索作挂篮前支点的大重量主梁悬臂浇筑技术研究（最大块重670t）。

（4）长大斜拉索的安装工艺和减震措施研究。

（5）复杂地质条件下大直径大深度挖孔桩的施工工艺和质量控制技术研究（索塔桩基直径为3.0m、最深49m）。

3．工程材料

（1）高强度混凝土的使用。清江大桥PC混凝土斜拉桥主梁采用C60高强度混凝土；为保证如此高强度等级混凝土施工质量，需要研究在利用常规原材料和制作手段条件下确定最优的混凝土配合比和各种外添加剂的合理使用等问题。

（2）采用合理位移量的伸缩装置。为适应温度变化、荷载作用等引起的主梁位移，PC混凝土斜拉桥主梁两端设置大位移量的伸缩装置；因为是不对称结构，边跨位移控制指标为24cm、主跨为28cm；考虑到伸缩缝耐久性等方面的需要，清江大桥采用德国进口的毛勒伸缩缝装置。

（3）大吨位及大位移量支座。由于结构受力和变形的需要，清江大桥辅助墩顶支座分别采用15000kN、20000kN的大吨位支座各两套，两桥台分别采用6000kN、15000kN的大吨位支座各两套；边跨侧支座位移量要求大于240mm、主跨侧支座位移量要求大于280mm。

（4）斜拉索类型。经过多方比选，清江大桥斜拉索采用造价相对较便宜、施工较便利的平行钢丝斜拉索，为双层PE防护、工厂生产的成品索。

（5）桥面铺装层。为了增强桥面行车道板混凝土和桥面沥青混凝土铺装层的耐久性能，行车道板与沥青混凝土之间需敷涂路桥专用防水涂膜等防水层，沥青混凝土中需添加专用于沥青混凝土加强的聚酯合成纤维。◆

湖北四渡河特大桥

桥名：湖北四渡河特大桥

桥型：单跨双铰钢桁架加劲梁悬索桥

跨径：（900+5×40）m

桥址：湖北省恩施州巴东县野三关镇花栎树村

建设单位：湖北省交通运输厅沪蓉西高速公路建设指挥部

设计单位：中交第二勘察设计研究院

施工单位：路桥华南工程有限公司

经营管理单位：湖北省交通运输厅高速公路管理局

混凝土用量：161078m³

钢材用量：26783t

工程总造价：7.2亿元

工期：2004年8月至2009年9月

一、概　况

　　四渡河特大桥是沪渝国道主干线湖北段的控制性工程，大桥东西两岸连接湖北宜昌市和恩施市。大桥全长1100m，跨径布置为900m+5×40m。其中主桥宜昌岸锚碇为隧道式锚碇，恩施岸锚碇为重力式锚碇，两岸索塔为门形框架式结构。引桥为5×40m的预应力T梁先简支后连续刚构，桥面宽24.5m。大桥横跨一个V形深切峡谷，桥面至谷底的高差达560m，被誉为世界第一高桥。

　　设计行车速度为80km/h，荷载：汽车超-20级，挂车-120。桥面净宽24.5m。地震动峰值加速度a=0.05g，地震动反应谱特征周期为0.35s。地震基本烈度为Ⅵ度，大桥按Ⅶ度设防。桥面横坡为双向2%，纵向坡为2.41%。

　　四渡河大桥桥台附近高程900～937m，高差约500m。河谷宽20～30m，为常年性河流。两岸植被茂密，交通困难，尤以东岸较闭塞。四渡河东岸处于长阳背斜构造的北西翼，西岸处于水南背斜构造的南东翼，地层由三叠系下统大冶组第二段灰岩（T_1d^2）组成，岩性主要包括微晶灰岩、夹有角砾状灰岩。桥址区基岩裸露，地表残积（Q^{el}）黏性土薄且分布不连续，西岸丘顶及凹槽中增厚。基岩为三叠系大冶组上段（T_{1d}^2）的浅灰色薄～中层状灰岩，为坚硬碳酸盐岩组。

桥址气候属亚热带大陆性夏热潮湿气候区，光照充足，降水充沛，严寒期短，雾多湿重，最大相对湿度超过85%，区域降雨量大，多年平均降水1084.1mm，多集中于4～8月。年平均气温17.4℃，极端最高气温41.6℃，极端最低气温-15.2℃。

二、结　构

1. 宜昌岸锚碇

宜昌岸锚碇采用斜式隧道式锚碇，分左右两个锚碇，每个锚洞轴线均与水平面成35°夹角。每个锚碇总长78.39m，从洞口往里主要由鞍室、锚塞体、后锚面三部分组成，其中，鞍室长25.27m，锚塞体长40m，后锚室长2.2m。鞍室断面为等截面，高10.9m、宽9.8m。锚塞体为楔形，前小后大，前锚面高10.9m、宽9.8m，顶部为圆弧形，圆弧半径5.65m；后锚面宽14m、高14m，顶部为圆弧形，半径7.0m。开挖总量为27127.1m³，混凝土总量为20694.44m³。

2. 恩施岸锚碇

恩施岸采用重力式锚碇，主要由前部的鞍部和后部的锚体两大部分组成。鞍部分左右两侧，每侧由底座、鞍基、鞍室组成。锚碇前侧的底座与后部锚体、侧面鞍室形成闭合体系，闭合体系中部位采用混凝土进行填充。锚碇下部基础开挖成台阶，并对基坑底部采用锚筋进行加固。

整个锚碇坐落在锚碇基坑内，锚碇基坑最大开挖尺寸约为：65.363m（纵向）×69.336m（横向）×47m（高），土石方开挖量为178162.1m³，混凝土总量为66901.7m³。

3. 索塔

两岸索塔采用钢筋混凝土门形框架式结构。恩施岸承台以上塔高122.2m，设置上、中、下三道横梁。塔柱采用空心结构，塔柱截面为矩形加70cm圆倒角形式，塔柱横桥向宽5.6m，顺桥向宽度由10.16m变至7.6m，下塔柱壁厚1.0m，上塔柱壁厚0.8m。横梁采用预应力混凝土箱形结构，上横梁宽度为6.0m、高5.7m；中横梁宽度为6.5m、高6.0m；下横梁宽度为7.5m、高6.0m。宜昌岸承台塔高117.6m，设置上、中两道横梁。索塔塔柱采用空心结构，塔柱截面为矩形加70cm圆倒角形式，塔柱横桥向宽5.6m，顺桥向宽度由10.058m变为7.6m，下塔柱壁厚1.0m，上塔柱壁厚0.8m。横梁采用预应力混凝土箱形结构，上横梁宽度为6.0m、高5.7m；中横梁宽度为6.5m、高6.0m。为了改善抗裂性能，在塔柱的四周表面设一层由φ6mm的钢筋焊接成的钢筋网，塔柱混凝土用量总计15657.25m³。

索塔基础采用群桩加承台形式，每根塔柱下设9根基桩，桩径均为2.8m，宜昌岸索塔设计桩长20m，恩施岸索塔右侧设计桩长31m，左侧设计桩长25m。宜昌岸索塔基桩有9根基桩、恩施岸2号索塔有8根基桩，由于桩底出现溶洞，在开挖至设计桩底高程后均不同程度进行基桩加长或进行深挖。桩基采用C30混凝土。桩基往上是16.4m×16.4m×6m承台，承台系梁采用C40混凝土，两岸索塔基桩混凝土共9911.3 m³。

4. 上部构造

上部构造主要包括主缆、索夹、吊索、主散索鞍、加劲梁和桥面系几个部位。

本桥主缆采用φ5.1mm镀锌高强钢丝，每根主缆由127束索股组成，每束索股由127丝预制平行钢丝组成，整根大缆共16129丝预制平行钢丝，主缆总重量为7074.53t。单根索股长度范围在1300.6034～1302.0490m之间，每根索股重约27t。两根主缆间距为26m，成桥矢跨比为1∶10。每根索股按一定的排列置于散索鞍、主索鞍槽内，形成主缆结构。

吊索设置为136组双吊索，全桥共272根吊索，吊索总重量为317.5t。每根吊索由109根φ5mm高强镀锌平行钢丝组成，外包PE层防护。各组吊索横向间距为26m，纵向间距为12.8m。

索夹采用铸钢铸造上、下分开的形式，两半索夹用螺杆相连夹紧，接缝处嵌填橡胶防水条防水。全桥共计196个索夹。

全桥共有4个主索鞍和4个散索鞍，单个主索鞍总体重量为72.8t，最大吊重为38t，单个散索鞍总体重量为74t，最大吊重为

74t。全桥主索鞍共4个，总重量为452t；散索鞍共4个，总重量为415t。

该桥加劲梁采用钢桁架结构形式，由主桁架、上下平联、横向桁架组成。主桁架采用华伦式，整体节点。主桁及横梁的上下弦杆均采用箱形截面形式，上下平联、竖杆和斜杆采用H形截面形式。主桁中心高度为6.5m，横向两片主桁中心距26.0m，小节间长度6.4m，大节间（即一个标准节段）长度12.8m，在每小节处均设横向桁架。钢桁架加劲梁共71节段总重量为6651t。单个节段最大吊重约92t，加劲梁吊装就位后采用高强螺栓联结。

钢桁梁在索塔处为无支座结构，通过在索塔处设置塔连杆作竖向支承，塔连杆两铰接点距离10.7m，上端与预埋在索塔下横梁上的钢托架铰接，下端与桁架下弦杆铰接。

主桥桥面主要由纵向工字梁、钢筋混凝土行车道板和沥青桥面铺装组成。工字纵梁横向间距1.95m，梁高0.66m，简支在主桁横梁的上弦杆上，理论跨径6.4m，全桥共1960根。

5．引桥

恩施岸为5×40m预应力混凝土先简支后连续刚构。与主桥过渡处，在2号主塔下横梁上设薄壁墙式支墩支承T梁。其他桥墩为双柱式，其中3、4号桥墩为φ1.6m的墩柱配φ1.8m的桩基，5、6号桥墩为φ2.0m的墩柱配φ2.2m的桩基。7号桥台处于西岸，在重力式锚碇的前墙基础上设置台帽支承引桥T梁。引桥所用混凝土总量为6069m³。

三、特　点

1．锚碇采用15-37型预应力锚固系统，对满足工程实际的大吨位锚垫板的研究取得国内首次突破。锚固系统单根可换钢绞线管

道施工为国内首例。

2．桩基础和锚碇开挖施工。对大面积的横、竖、斜向断裂层、裂隙带和特大溶洞，采取扩大明挖悬空段、填塞混凝土通体施工及围岩压浆的方法。

3．散索鞍运输采取"3拖头＋1辅推"的创新方案，将重达76t的散索鞍运输到位。

4．隧道式锚碇开挖深度78.39m，坡度35°，位于公路隧道上方23m，施工难度国内外尚无先例。建立了1：12的现场拉拔模型试验，对隧道式锚碇力学结构的安全性进行了系统研究论证。

5．火箭抛送先导索过深切峡谷，属于世界首创。

6．缆索吊装钢桁架加劲梁，跨径900m，为当时国内最大。

7．《四渡河深切峡谷悬索桥关键技术研究》于2009年获得了中国公路学会科学技术奖一等奖，达到国际领先水平。

8．《大跨度悬索桥先导索火箭抛送技术》于2008年获得中国公路学会科学技术奖二等奖及广东省科学技术奖二等奖。

9．《四渡河悬索桥施工》，于2008年在第25届国际桥梁大会上进行学术交流（美国），2008年在青岛国际桥梁论坛上发表演讲，2009年在美国土木工程杂志上以特色文章发表。

10．《大跨度缆索吊吊装施工工法》《大跨度悬索桥先导索火箭抛送技术施工工法》分别于2008年、2009年先后获得国家级工法。

11．国家级专利。发明专利：《大跨度悬索桥先导索火箭抛送装置和方法》《一种缆索吊承重绳地锚及其施工方法》《一种隧道式锚碇洞室的开挖爆破方法》《一种悬索桥钢桁梁桥面系的加载方法》。实用新型专利：《大跨度悬索桥先导索火箭抛送装置》《一种锚垫板》《一种缆索吊承重绳地锚间的链接装置》《一种猫道锚固调节装置》。◆

湖北铁罗坪特大桥

桥名：湖北铁罗坪特大桥
桥型：双塔双索面预应力混凝土边主梁斜拉桥
跨径：（140+322+140）m
桥址：长阳县榔坪镇
建设单位：湖北沪蓉西高速公路建设指挥部
设计单位：中交第二公路勘察设计研究院
施工单位：中国中铁一局集团第二工程有限公司
混凝土用量：66109m³
工程总造价：1.2亿元
工期：2004年5月至2009年12月

一、概　况

沪蓉国道主干线是我国规划的公路主骨架网"五纵七横"中的"一横",同时也是湖北省高等级公路网规划"五纵三横一环"中主要的"一横",是鄂西南地区必不可缺的重要运输通道。铁罗坪高塔墩特大斜拉桥是沪蓉国道主干线宜恩段（宜昌至恩施）的重点控制工程,位于长阳县榔坪镇境内,桥孔布置为6×30m+140m+322m+140m+3×30m,全长872m,其中主桥为140m+322m+140m三跨一联双塔双索面预应力混凝土边主梁斜拉桥,主塔高192m,桥面凌空达217m。大桥地处鄂西南崇山峻岭中,地形险恶,场地狭小,施工条件极其恶劣。

二、结　构

1. 主梁

断面形式：主梁的基本断面形式是边主梁,断面全宽27.5m,截面端面高2.6m,中心高2.875m；主梁顶板厚0.31m,设双向2%横坡。节段长度有8m、5.2m两种,边肋宽度有1.7m、3m、3.5m、5m四种,横梁的基本间距是8m、5.2m。主塔与主梁连接处固结。横梁均设有预应力钢绞线。

主梁每节段在单根边主梁内各配置3根19股的钢绞线,在桥面板内配有32根$\phi^L 32$的精轧螺纹钢筋,主梁各合龙段内配置上、下缘合龙束。

合龙段及合龙顺序：本桥在140m、322m跨径内设有合龙段,合龙段长度均为2.5m。根据结构受力特点,本桥设计的合龙顺序为：先合龙140m边跨,再合龙322m中跨。

施工挂篮：本设计采用前支点挂篮,用于主塔两侧梁段主梁的悬臂浇筑,空挂篮控制重量为200t。边跨施工到边主梁加宽段后,挂篮长度应根据实际节段长度进行改装。

2. 斜拉索

斜拉索采用低松弛镀锌高强钢丝,直径7mm,标准强度1670MPa,钢丝性能不低于《桥梁缆索用热镀锌丝》（GB/T 17101-2008）的要求。

每个主塔布有19对空间索,主跨斜拉索在梁上的索距为8m,边跨随着节段长度的变化,索距相应变化为5.2m。斜拉索采用PES7-283、PES7-241、PES7-211、PES7-187、PES7-163、PES7-139、PES7-109等7种规格。锚具采用相应规格的PESM冷铸锚。

3. 主塔基础

每个塔墩布置24根$\phi 2.4m$的钻孔桩,按平行式排布,桩尖均嵌入基岩一定深度。两塔座下承台为分离式,中间设两道系梁连接。

4. 索塔

索塔为H形,由塔座、下塔柱、中塔柱、上塔柱、上横梁、下横梁等组成。

7号塔顶高程为797.404m,8号塔顶高程为808.659m,承台以上塔柱总高190.397m。两塔柱横向净距27.5m,塔柱采用空心五边形断面,顺桥向全宽6.5m,横桥向最宽处为4.8m,下塔柱全宽由6.5m向底部加宽到11.566m。

上横梁断面尺寸为5m×3m,下横梁宽6m,高为6~6.28m。为有利于塔柱内力向承台过渡,在承台顶有3m高的塔座。

上塔柱为斜拉索锚固区,锚固端局部构造采用凹槽式,槽表面以厚1cm钢板包裹,以利于拉索定位,也可代替部分模板。在上塔柱锚固区,采用U形预应力束加固,平衡斜拉索水平分力。

塔柱竖向布置$\phi 32mm$钢筋,水平方向箍筋直径为16mm,拉筋直径为12mm。在承台、塔座四周、顶面外露部分塔柱四周设置$\phi 6mm$带肋防裂钢筋网。

上、下横梁均设置预应力钢束,上横梁设置12束15-19钢束,下横梁设置28束15-19钢束。

上塔柱锚固区U形束采用塑料波纹管，上、下横梁预应力束采用金属波纹管，压浆工艺全部采用真空吸浆法。为便于施工、定位，塔内设有劲性骨架。

5. 引桥

由于本桥处于整体式路基和分离式路基交汇处，大部分为整体式路基，为了施工方便，全桥均采用整体式路基宽度设计。

引桥上部构造为30m后张预应力混凝土T梁，先简支后刚构。预制梁高为1.8m，半幅桥每孔布置5片T梁，梁距为2.5m，梁间横向采用30cm宽湿接头连接。引桥上部构造预制T梁采用《沪蓉国道主干线宜昌至恩施公路白氏坪—吉心段桥涵通用图》。

引桥下部构造根据墩高变化采用直径为1.5m和1.3m的双柱式墩。左线桥1~5号墩墩柱直径为1.3m，基础为2根直径1.5m的钻（挖）孔灌注桩；其他墩柱直径为1.5m，基础为2根直径1.8m的钻（挖）孔灌注桩。左线桥0号桥台采用重力式U形台、桩基础，右线桥0号桥台和12号桥台采用明挖扩大基础。

三、特　点

1. 对主塔塔柱施工，采用了液压自爬模系统，该技术采用液压循环顶进行顶升，可整体顶升和分榀顶升，整个操作平台全部封闭，工人施工如同在平地上一样，安全可靠。通过自行设计和详细检算，将节段高度由4.5m改为6m，该做法为国内首次应用，加快了施工进度。

2. 在横梁施工过程中，支架的设计和施工是重要环节。本施工技术根据结构物自重大和离地面高等具体情况，采用墩旁托架的施工方案。在塔柱内部设置预埋件，安装附墙铰座和大牛腿，用CD200型贝雷片做横向分配梁。该方案对大牛腿进行了优化设计。

3. 采用钢绞线反支点预压技术进行预压，能够充分利用材料，保证了施工质量和施工安全，加快了施工进度。在百米高空整体移位塔吊施工中，采用自行设计的贝雷横梁托架成功地将两台重型塔吊在110m高空整体移位，总结出一套适合桥梁或其他结构物上整体移位重物的经验和施工技术。在施工过程中，利用自行设计勾板沿滑道整体滑移，增加前后安全滑道，采用千斤顶张拉精轧螺纹钢实现均匀滑移，使得移位过程平稳安全。

4. 主梁现浇段采用墩旁托架施工。采用精轧螺纹钢，将

支撑锚固在墩身和下横梁上，支架上部利用挂篮纵横梁体系，并采用悬浇段挂篮的模型，成功地进行了现浇段施工。现浇段施工完成后安装挂钩并使挂篮走行，进行下一步挂篮悬臂浇筑施工，既节省现浇段支架的成本，又有利于挂篮的安装和走行。临时支架强度、稳定性、变形量满足施工要求，跨中和悬臂端部弹性变形量均满足业主要求，即小于20mm。

5. 在下横梁底部安装贝雷托架平台，采用精轧螺纹钢做斜拉吊杆。在贝雷托架上通过塔吊吊装，平台上横移、纵移使挂篮构件准确就位，挂篮拼装完毕后采用千斤顶整体顶升到设计位置，确保挂篮精确安装。整个施工过程简单、易操作，为高墩大跨度桥梁挂篮的拼装提供了新思路。

6. 挂篮设置整体式后滚轮，采用千斤顶张拉精轧螺纹钢的方法移动，解决了主梁大坡度走行困难的问题；通过专门设计的可以转动的弧形梁和转动锚座很好地解决了空间索的调整角度问题。采用刚性承重挂钩和箱形纵横梁，解决了大节距、大吨位挂篮刚度和强度不易满足的难题；采用自行发明的钢绞线反支点预压技术，模拟主梁浇注时的各个工况，实现了国内首次采用新技术成功地对挂篮进行预压，模拟效果好，预压安全、方便、成本低。

7. 先挂塔端后挂梁端。轻索采用设置桥位处的塔吊吊装至桥面，重索在梁端采用设置在梁端的特制起重架将斜拉索从过渡墩牵引至桥面。塔端使用塔吊配合塔顶卷扬机通过内拉外提的办法挂索，梁端采用50t滑车组进行挂索。重索采用两台70t千斤顶张拉精轧纹螺钢的形式并配合50t滑车进行挂设，挂设过程安全可靠。◆

湖北武汉天兴洲长江大桥

桥名：湖北武汉天兴洲长江大桥
桥型：三索面斜拉桥
跨径：（98+196+504+196+98）m
桥址：武汉市青山区
建设单位：铁道部工程管理中心
设计单位：中铁大桥勘测设计院有限公司
　　　　　中铁第四勘察设计院集团有限公司
　　　　　武汉市政工程设计研究院有限责任公司
施工单位：中铁大桥局、中铁十二局、中铁十一局、
　　　　　中交二航局、武汉市政建设集团等
监理单位：铁道部科研院
　　　　　中铁第四勘察设计院建设监理公司
　　　　　中国国际咨询监理公司等
混凝土用量：约850000m³
钢材用量：约46000t
工程总造价：约110亿元
工期：2004年9月至2009年9月

一、概　　况

武汉天兴洲公铁两用长江大桥位于武汉长江二桥下游约9.5km处，北起汉口平安铺，南止武昌武青主干道，主桥长4657m，主跨504m，是武汉市城市总体规划三环路及武广客运专线跨长江的桥梁。

它是世界上第一座按4线铁路和6车道修建的可以同时承载20000t荷载的世界上荷载量最大的公路铁路两用斜拉桥。同时也是中国第一座能够满足高速铁路运营的大跨度斜拉桥，其4线铁路为京广高速铁路和沪汉蓉客运专线，其中沪汉蓉客运专线设计时速250km。

二、结　　构

大桥由北岸向南岸孔跨布置为4×40.7m箱梁+（54.2+2×80+54.2）m连续箱梁+62×40.7m箱梁+（98+196+504+196+98）m钢桁斜拉桥+15×40.7m箱梁。40.7m箱梁铁路为简支梁，公路桥为连续梁。南汉主桥为（98+196+504+196+98）m双塔三索面公铁两用钢桁梁斜拉桥。斜拉桥主梁为板桁结合钢桁梁，N形桁架，三片主桁，桁宽30m，桁高15.2m，节间长度14m，钢梁全长1092m，斜拉索锚固于主桁上弦节点。公路桥面在梁端168m范围内采用混凝土板，其余范围为钢正交异性板，钢桁梁与桥面板共同受力。

主塔采用钢筋混凝土结构，承台以上高度为188.5m；塔两侧各有3×16根斜拉索；索最大截

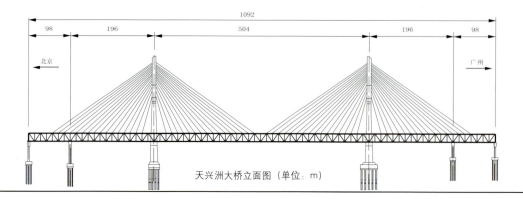

天兴洲大桥立面图（单位：m）

面为451 φ7mm镀锌平行钢丝，最大索力约12500kN，索最大长度为271.9m，重41.2t，斜拉索总重量约为4550t。

三、特　点

1. 采用三索面、三主桁的优势

（1）减小了主桁杆件的最大杆力，并且铁路横梁跨度减小，增强了主桁断面的整体性。

（2）大大减小了铁路横梁及公路横梁的计算跨度，从而减少了铁路横梁及公路横梁的用钢量。

（3）横联不像两桁那样用于相互传递公路桥面及铁路桥面的荷载，横联的设计主要为构造需要，其受力远小于两桁受力。

（4）横梁仅承受各自的荷载，受力明确。

2. 钢、混凝土板桁组合体系

大桥主跨和部分边跨的公路桥面采用正交异性板与主桁结合，减轻了桥梁自身重量；其他边跨的公路桥面采用混凝土桥面板与主桁结合，解决了辅助墩在荷载作用下的负反力问题。铁路桥面采用混凝土道砟桥板与主桁结合，共同承担荷载。

3. 振动及位移混合阻尼控制技术

采用磁流变液阻尼器和流体阻尼器的混合控制方案，一方面可发挥流体阻尼器的作用，有效地抑制主梁的纵向地震反应；另一方面可发挥磁流变液阻尼器的作用，有效地抑制主梁的纵向制动效应，保证了桥梁安全使用。

4. 三片桁钢梁整节段架设工艺的突出优点

（1）大大缩短施工工期，加快施工进度。

（2）减小在工地现场拼装工作量。

（3）工厂化作业有利于保证主梁焊接和涂装质量。

5. 大型钢吊箱围堰的设计

钢吊箱围堰采用双壁侧板隔舱、底隔舱。通过双壁侧板隔舱和底隔舱共同提供的浮力，2150t重的围堰吃水2.6m，为围堰的整体制造和浮运提供一个先决条件。同时充分利用航道条件及浮拖技术，将钢吊箱围堰、钻孔平台、钢护筒定位导向架等大量钢结构由水上散拼改为岸上工厂化制作，减少了墩位处的现场作业量，节约施工工期，同时提高了制作的精度，为钢护筒插打精度提供了有力的保证。利用双壁侧板隔舱内外水头差提供的浮力，无需加高围堰就能满足不同施工水位的钻孔施工，同时承台施工时只需将围堰双壁侧板隔舱内灌水或填混凝土即可将其整体下放10m，对于深水高桩承台基础施工可大大减少围堰的高度，节约了大量钢料；钢吊箱围堰采用底隔舱，使围堰分成很多小室，有利于围堰封底混凝土的灌注施工。

6. 锚墩定位及围堰带载升降技术

（1）锚墩定位系统——锚墩结构设计。锚墩结构由主体和辅助结构两部分组成，主体结构包括钢管桩基础和钢筋混凝土承台，辅助结构包括承台上的张拉系统。为有效地缩短锚墩的施工时间和减少施工投入，锚墩基础选用了钢管桩基础。为了保证钢管桩基础能很好地共同受力且有较大的刚度，钢管桩基础上采用钢筋混凝土承台，承台顶面高程+23.0m。

（2）围堰浮运以及初始定位。围堰到达墩位之前，首先将两根ϕ43mm的主拉缆分别与上游两锚墩上的系缆桩连接好，盘放在上游锚墩附近的工作船上。

用拖轮牵引围堰至2号墩，当围堰行至墩位上游30m时，用拖轮将围堰大致稳定在此位置。

用两艘机驳分别将围堰上游两台卷扬机上ϕ21.5mm的钢丝绳从围堰过到上游侧两锚墩处的工作船上，各自牵引ϕ43mm主拉缆同时从锚墩处至围堰顶面。

两根主拉缆分别与围堰和锚墩连接好，经检查无误后，拖轮组减小动力、让围堰顺流下滑，逐渐将两根主拉缆绷紧。拖轮应控制围堰的下滑速度不能过大，尽量减小对主拉缆和锚墩的冲击。主拉缆绷紧后检查主拉缆的连接点的受力及变形状况，在确保安全的情况下，解除6000马力（约4413kW）主拖轮与围堰的连接。

主拉缆安装完成后，两机驳分别移到围堰下游侧，分别牵引ϕ28mm后拉缆至锚墩处，把钢丝绳与锚墩上布置的系缆桩连接，主拉缆和后拉缆安装完成并预收紧后，围堰的锚固体系形成，解除2640马力（约1942kW）拖轮与围堰的连接。

测量围堰的位置，根据测量结果，利用围堰顶面的卷扬机及滑车组调整主拉缆、后拉缆，将围堰偏差控制在50cm以内。

（3）围堰精确定位。其定位步骤如下：

步骤一：利用初定位钢丝绳对围堰作初步调整。

步骤二：利用钢绞线对围堰作精确定位。

步骤三：定位钢护筒插打时利用钢绞线对围堰作再次精确定位。

7. 直径超过3m的深水钻孔桩技术及装备

围堰定位完成后，采用APE400B震动打桩机插打直径3.6m的钢护筒，采用专门为天兴洲长江大桥大直径钻孔桩施工而研制的KTY-4000型钻机进行直径3.4m钻孔桩施工。直径3.4m钻孔桩采用气举反循环钻进成孔，用六翼重型刮刀钻头在覆盖层和基岩上部的弱胶结砾岩中钻进，对桩孔下部的胶结砾岩，采用滚刀钻头钻进。钻孔过程中，泥浆从孔中吸出后，采用泥浆分离器净化后循环使用，钻孔施工中泥浆相对密度控制在1.07~1.09之间。钢筋笼在钢结构加工车间长线台座上制造，采用长平板车运输，经过栈桥码头下水，运输至墩位处由水上吊机起吊安装对接。钢筋笼安装完成后，采用内径350mm的快速卡口垂直提升导管进行桩身混凝土灌注。

通过对钻机选型、钻具配置、泥浆指标、钻进参数、钢筋笼定位方案、混凝土灌注方案以及混凝土生产供应等的科学选定，以及对钻孔施工工艺的不断完善、改进并进行严格的控制，钻机的性能得到了很好的发挥。单桩成孔时间控制在30~40d之间，单桩混凝土灌注时间控制在4.5~5.5h之间，混凝土灌注的质量得到了有效的保证。◆

湖北宜昌长江铁路大桥

桥名：湖北宜昌长江铁路大桥
桥型：连续刚构钢管混凝土柔性拱桥
跨径：（130+2×275+130）m
桥址：湖北省宜昌市
建设单位：武汉铁路局宜万铁路建设总指挥部
设计单位：中铁第四勘察设计院集团有限公司
施工单位：中铁大桥局
监理单位：中铁第四勘察设计院建设监理公司
混凝土用量：125360m³
工程总造价：5.19亿元
工期：2004年2月至2009年2月

一、概　况

宜万线宜昌长江铁路大桥位于湖北省宜昌市区，夷陵长江大桥下游4.8km处。桥址处北岸为湖北开关厂与宜昌市三峡瓷器厂，北岸引桥跨越宜昌市的两条主要干道，夷陵大道和东山大道；南岸为宜昌市点军区，南岸引桥跨越江中的胭脂坝沙洲；大桥跨越北岸丘陵区、河流阶地区、河床漫滩区及南岸丘陵区等地貌单元，其中南岸丘陵区海拔高度56～120m，相对高差60～70m，自然坡度20°～30°，地势略起伏，地形多陡坎，多为荒山，局部辟为农田及居民区，间有小型丘间谷地，低洼狭长，冲沟发育，北岸河流阶地区地势平坦开阔，辟为市区、民房、厂房。主桥处于长江主河道，河床面高程为＋20.0～＋31.0m。

二、结　构

宜昌长江铁路大桥，桥长2526.73m，桥跨布置从北至南分别为：10×49.2m双线简支箱梁+（130+2×275+130）m双线连续刚构柔性拱+14×48.2m双线简支箱梁+（56+108+56）m双线连续梁+9×32m单线简支梁，全桥共41个墩台，由北向南依次为0~40号，南岸引桥14~28号桥墩位于胭脂坝上，除0号墩台为扩大基础外，其余均为钻孔桩基础。主桥上部结构为（130+2×275+130）m纵、横、竖三向预应力混凝土连续刚构柔性拱结构，主梁采用C60高性能混凝土，主拱拱肋为平行桁架式全焊钢管混凝土结构，计算跨度264m，矢跨比1/5.5，钢管内填充C50微膨胀混凝土，吊杆采用平行钢绞线体系。主桥主墩基础为12根φ3.0m钻孔桩，两边墩为9根φ2.0m钻孔桩，均为嵌岩支撑桩。三个主墩为17.0m×23.0m×5.0m矩形承台。12号墩墩身为8m×12m箱形断面空心墩，壁厚1.5m，11号、13号墩为3m×12m双薄壁墩，中心距5m，墩高38.5m。两边墩为八边菱形实体断面，顶部为托盘式墩帽。主墩承台底高程为+31.06m，顶高程为+36.06m。

11号墩位于主河槽北岸水域，基础为φ3m钻孔桩12根，桩长26m，承台尺寸17m×23m×5m；围堰平面尺寸为内圈17.0m×25.0m，外圈21.0m×29.0m，围堰高度为9.5~11.7m，设计施工水位为+40.0m，顶口高出施工水位1.0m。围堰壁采用δ=5mm厚的钢板、加横竖向角钢加强肋，双壁间距离为2m、内设角钢支撑。围堰高度分2节，顶节5m高，底节依据河床面地形分成4.5~6.7m不等高度，并根据实测河床断面具体修整；围堰平面上根据起吊、运输能力分为24块在车间内制造，块与块之间在拼装船上焊接成整体，为保证水封混凝土灌注质量将围堰底节用隔舱板分为8个舱。为抵抗水流冲击力和外侧不均匀水压

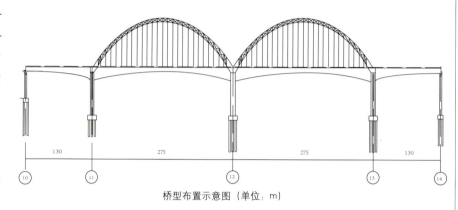

桥型布置示意图（单位：m）

力，沿围堰四周双壁内布置10根φ1.0m的抗剪桩，抗剪桩嵌入基岩3.0m，桩内布置钢筋笼。围堰双壁内水封C30混凝土，其顶面高程控制在+35.0m以下。

12号墩位于主河道的中间，基础为12根φ3m钻孔桩，桩长45m，承台河床面高程为+20.0m左右，覆盖层厚度为4.0~5.0m，此处长年水深为8.0~10.0m，汛期水深可达30.0m左右，水流流速较大，承台底高程为+31.06m，承台底面高出河床面10.0m，施工承台时承台底以上水深10.0m。

12号墩单壁钢吊箱围堰主要由底板、侧板、内支撑及圈梁、吊挂系统、导向结构和封底混凝土组成，平面尺寸为17.65m×23.65m，高度共11.0m（4m+4m+3m）。

13号墩靠近胭脂坝江心洲，地势平缓，原地面高程为+37.2m左右。13号墩基础由12根φ3.0m的钻孔桩组成，桩长40m，桩顶高程为+31.06m，桩底高程为-8.94m。地质情况：高程在+37.2~+20.2m范围为卵石层，+20.2~-1.9m范围为强风化岩，-1.9m以下为微风化岩。桥墩处下伏基岩面平缓，产状稳定，弱风化层高程略有起伏，微风化层高程稳定，基岩单轴饱和抗压强度为10.8~37.8MPa。

三、特　点

1. 该工程在长江水域中华鲟自然保护区和宜昌城区施工，长江水体保护、生态保护和施工环保要求高。宜昌长江铁路大桥首次在国内铁路上应用EBP型隔震支座新技术，可以有效降低噪声，保护好大桥所在长江水域自然保护区内的"国宝"中华鲟。

2. 吊杆索采用平行钢绞线体系。

3. 11号墩位于主河道北侧，桥墩处无覆盖层，岩面倾斜，此墩承台若采用常规的围堰内封底混凝土方法止水来施工，没有封底混凝土厚度的空间。而该水域为中华鲟保护区，又不允许进行水下爆破作业来开拓空间，因此只能采取非常规的外止水方法来进行承台施工。经过地下连续槽结合双壁围堰、钢板桩结合双壁围堰、开口高低刃脚双壁钢围堰等多种方案的详细比较，根据桥墩处水位、地形、地质及水保环保要求等情况，利用地下连续墙原理，采用开口高低刃脚双壁钢围堰方案，在围堰双壁内水封混凝土，并设置抗剪桩，使围堰能止水、承受外侧水压力、水流冲击力，围堰内能够抽水，可以顺利进行承台施工。

4. 13号墩位于水陆相连处，覆盖层为卵石土、透水性强、卵石粒径大、卵石含量高、覆盖层厚，钻孔钢护筒无法嵌岩，所以钻孔施工极易发生坍孔现象，下层为岩层，因此先用冲击钻穿过卵石层，到岩层后改为旋转钻机的两阶段施工工艺，冲击钻头采用五翼专制重力钻头，旋转钻头采用双排边滚刀钻头，冲击和旋转钻进过程分别采取泵举、气举反循环出渣的施工技术。13号主墩采用双壁钢套箱围堰，采用2台18m臂长的长臂挖掘机在围堰内外取土，使围堰在大粒径深覆盖层的卵石层中下沉9m深，克服了取土和下沉困难等难题，开创了国内在此类复杂地质条件下施工的先例。

5. 桥梁下部结构主钢筋采用直螺纹套筒连接技术为铁路桥梁中首次采用，该技术不受施工场地和气候条件影响，具有施工速度快、施工周期短、接头可靠性强等特点，对确保工程质量和加快施工进度有明显优势。

6. 主桥采用φ3m的大直径钻孔桩，工程实例不多，其φ3m大直径钻孔桩要穿过18m卵石层及坚硬基岩施工，施工技术具有先进性。

7. 采用载重400t的轻型菱形悬浇挂篮施工，三片主桁构架的菱形挂篮，在节段施工中底模逐节段调整，满足底板宽度变化，挂篮侧模下部两端设对顶杆夹紧底模，有效地减少了挂篮的重量。

8. 主桥采用先梁后拱的施工方案，单悬臂长度达136m，是迄今国内最大跨度的单悬臂长度。主跨275m钢管拱安装施工计算和钢管拱线形监控技术，采用扣索塔架、扣点、后锚等结构和液压同步提升设备，用于钢管拱的竖转施工；主桥钢管拱拱肋、横撑采用在工厂加工，并根据提升门吊的实际起吊能力对钢管拱进行分段，现场大拼后整体运到桥位吊装的施工方案，可以缩短工期和提高钢管拱加工精度的特点。

9. 主梁为大跨度连续刚构，混凝土的收缩、徐变对桥梁的结构受力、耐久性和使用寿命影响非常大，为减少混凝土的收缩、徐变和提高抗裂性能，进行了C60高性能混凝土研究，通过在42.5级普通硅酸盐水泥中掺加矿渣粉煤灰、高效减水剂和膨胀剂，提高了混凝土主梁的施工质量、工作和使用性能，减少了混凝土收缩和徐变对刚构梁受力的不利影响，延长了桥梁的使用寿命。◆

湖北支井河特大桥

桥名:湖北支井河特大桥

桥型:钢管混凝土拱桥

跨径:主跨430m

桥址:湖北省巴东县野三关镇支井河村一组

建设单位:湖北沪蓉西高速公路建设指挥部

设计单位:中交第二公路勘察设计研究院

施工单位:中铁十三局集团有限公司

监理单位:铁二院咨询监理公司

混凝土用量:26893m³

工程总造价:1.277亿元

工期:2004年4月至2009年10月

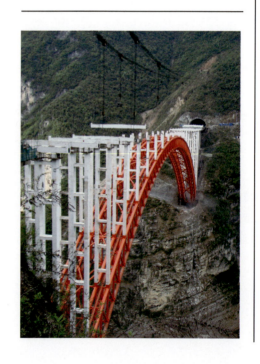

一、概　　况

支井河特大桥位于巴东县野三关镇支井河村，沪蓉国道主干线湖北省宜昌至恩施高速公路榔坪—高坪段，桥梁中心桩号为K120+433.507，桥梁全长545.54m，主桥为跨径430m的钢管混凝土拱桥，跨越不对称V形支井河峡谷。引桥为预应力混凝土简支梁桥；桥跨布置为1×36m（引桥）+（1×19.1m+19×21.4m+1×19.1m）（主桥）+2×27.3m（引桥）。桥台身为钢筋混凝土结构，引桥墩（D3墩）为矩形实体墩，过渡墩为钢筋混凝土薄壁空心墩，其中D1墩墩身高82.383m，D2墩墩身高73.872m；桥面铺装为6cm防水混凝土和9cm沥青混凝土，全桥在两过渡墩和两桥台位置各设一道伸缩缝。主拱桥拱轴线采用悬链线，计算跨径430m，计算矢高78.18m，矢跨比1:5.5，拱轴系数1.756。拱肋采用钢管混凝土主弦管和箱形钢腹杆组成的空间桁架结构，上下游两道拱肋平行布置，截面高度从拱顶6.5m变化到拱脚13m，拱肋宽度为4m，两肋间距13m，以20道"米"字横撑相连。主拱圈钢管外径1200mm，管壁厚度：拱脚下弦1/8跨为35mm，1/4跨为30mm，其余下弦及上弦均为24mm，钢管内填充C50混凝土。主桥拱上立柱为1400mm×1000mm的钢箱（内壁加劲）与钢箱横联组成的格构体系，高度为3.153～71.866m，拱上盖梁亦为整体钢箱结构。因受到施工空间及运输条件的限制，拱肋共分成30个吊装节段，吊装节段最大重量280t（双肋）。大桥宜昌侧（东侧）接漆树槽隧道出口，恩施侧（西侧）接庙垭隧道进口，由于桥隧紧密相连，两侧均为陡峻的悬崖峭壁，交通运输条件之恶劣、施工场地之狭小、工程之艰巨为全路段之最。

二、结　　构

该桥主桥采用上承式钢管混凝土拱桥，计算跨径430m，为目前世界同类型桥梁跨度之最，是目前冲击钢管拱跨径极限的一次挑战，大桥施工无设置风缆和无水运条件，大桥横跨宽500m、深1000m的V形峡谷，桥面与谷底相对高差300m，两岸桥头与隧道紧密相连，场地狭窄，地势险要，交通运输条件极其恶劣，施工难度为沪蓉西高速公路全线之最。

根据现场实际条件并借鉴类似施工经验，通过对缆索起重机的跨度和形式的选择，确定合理的布置形式。并经过反复比较最终确定采用跨度756m的大跨度无塔缆索起重机，锚碇离桥面约80m，坐落在V形峡谷两侧，最大起重重量为300t，垂直可起落100m。该缆索起重机为单跨双索制，配以牵引导挠系统和起重导挠系统进行水平、竖直运输，主承重索纵向正对钢管竖拱的纵轴线，即拱肋采用正位吊装，满足双肋整体安装需要，也可满足安

装引桥及主桥箱梁的需要。从现场应用情况看，达到了预期的目标，有如下效果：

（1）取消传统缆索起重机塔架，可节约工期和节省造价。

（2）采用"一种稳定的板单元"结构，提高其可靠性、耐久性及平衡运行，减小运行中的各种磨损，充分发挥机械效率。该结构节能、节材、环保、可靠。

（3）采用"双向双筒螺旋摩擦卷扬机"，解决了传统缆索起重机牵引设备功能单一、投入设备较多、运行不同步、不稳定、操作不便、能源损耗较大、成本高等问题。

（4）采用"增力式自调平衡运行小车"，其能够在承重索上运行自调平衡，与双向双筒螺旋摩擦卷扬机作为运行和起升机构，成功解决了传统缆索起重机运行机构和起升机构运行不稳定的问题。

（5）采用"多股自控半自行链式支索器"解决了牵引、起重索在施工过程中容易产生缠绞现象，严重影响缆索起重机正常使用的问题；同时改变传统支索器结构，使走行轮和支轮系统由刚性连接变为铰接，极大地改善了支索系统的灵活性，使其作用能得到充分的发挥。

三、特　点

1．该工程位于陡崖下的拱座基础上方岩石风化严重、破碎，地质条件较差，需要进行卸载防护，在这种特殊狭窄陡峭地形条件下，拱座混凝土、墩柱、宽大盖梁、箱梁架设施工都须采用超常规手段或措施。

2．作为超大跨度的支井河特大桥地处复杂山区，无水运条件、无整节段陆运条件、无法采用传统工艺钢管拱肋安装用风缆，桥位处也无合适拼装场地，施工安全风险极大，现场条件决定了拱肋安装采用缆索起重机吊装斜拉扣挂法施工工艺。

3．由于在厂内无法形成整体运输到施工现场，故采用厂内"5+1"单肋卧拼后解体成散件运至现场，在两岸引桥上重新进行立体组拼成整体，利用栓焊结合的连接方式解决运输和拼装的难题；引桥上仅能实现"1+1"立体组拼，拼装精度的控制尤为关键。

4．大桥单侧钢管拱肋节段划分为15个吊装分段，由于无法设置风缆，采用双肋整体安装如何进行轴线纠偏是能否实现成功合龙并满足设计及规范要求的关键。

5．节段双肋安装最大吊重280t，稳定适用的缆索起重机系统是实现大桥建设的基础。

6．钢管拱拱肋节段与节段间先采用内法兰连接再焊接的方式，增加了拱肋节段间的调整难度。大桥合龙段长度按0.8m设计，8根主弦管需要精确对接，另外外界温度对钢管拱肋的变形影响较大，因此具有合龙精度要求高、精确对位难度大的特点。

7．钢管拱拱肋混凝土单管达500m³，混凝土由施工便道（桥面）到拱座输送泵处有高达90m的高差，而目前国内并没有向下泵送高强度等级混凝土90m的成熟工艺和先例。如何将符合设计、施工要求的混凝土连续地运送到拱座输送泵处是混凝土灌注施工的关键。主弦管混凝土泵送高差大，时间长，为了顺利灌注要求混凝土坍落度大，和易性好，且不泌水、不离析；同时为充分发挥钢管的套箍作用，要求混凝土的收缩率小，填充饱满。◆

河南洛阳瀛洲大桥

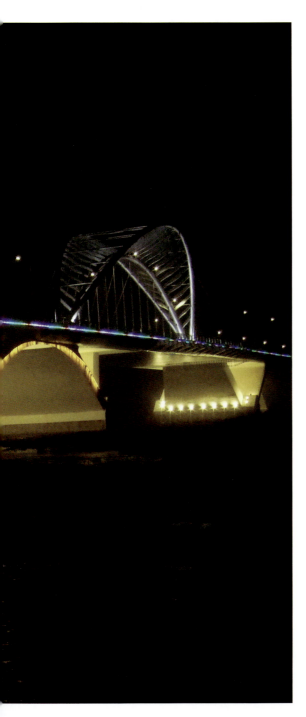

桥名：河南洛阳瀛洲大桥
桥型：空间倒三角组合式抛物线拱圈桥
跨径：（25+120+25）m
桥址：河南省洛阳市
建设单位：洛阳市建设委员会
设计单位：同济大学建筑设计院
施工单位：中铁大桥局
监理单位：天津路驰建设工程监理公司
主桥施工监控监测单位：东南大学
混凝土用量：46103m³
工程总造价：2.79亿元
工期：2007年3月至2009年1月

一、概　况

洛阳瀛洲大桥是一座飞鸟式倒三角形抛物线拱圈桥，位于洛阳市区西部的瀛洲路上，北起洛阳高新技术开发区的河洛大道，南至新区洛宜南路，是连接洛阳市区南北新老城区的一座重要桥梁之一，工程设计总长为1543.1m，其中大桥长1160m，跨河主桥长610m，引桥长550m。由边跨8个上承式钢筋混凝土连续拱和1个中跨长120m的月亮形中承式钢管混凝土系杆拱组合而成。

桥梁总宽度为31m，双向4车道，是两个左右对称的分离式桥梁，半幅桥面宽14m，横断面从桥边到中间分隔带为2.5m（人行道）+11.5m（车行道及防护栏）。中间分隔带宽为3m，设计车速70km/h。

与以往洛阳市桥梁结构简单、桥型单一不同，瀛州大桥不仅是一座担负通行重任的大桥，还是洛阳市首座景观桥，更会成为城市的地标性建筑，成为市区一道靓丽的风景线。它的设计灵感来自洛阳八大景的"天津晓月"。

二、结　构

洛阳瀛洲大桥的外观术语是："空间倒三角组合式抛物线拱圈桥"。"组合式抛物线"指的是瀛洲大桥上主跨箱形梁和边跨拱圈结构的材质是钢混叠合梁及薄壁箱形抛物线拱等的有机组合。中跨全部使用纯钢结构造价过高，单纯使用混凝土结构自重过大，钢混叠合是两者优点的完美结合。"空间倒三角"则使1个形如弯月的主拱圈空间和8个连续拱圈实现9连拱组合，既体现了洛阳九朝古都的悠久历史文化底蕴，也重现了"天津晓月"的胜景。

洛阳瀛洲大桥汇集了5种桥型：简支梁、引桥连续梁、主桥上承式钢筋混凝土系杆连拱、主桥三角刚构和主跨中承式飞鸟组合系杆拱。具体桥跨布置如下：(35+3×50+25)m(主桥边跨连拱)+10m(挂梁)+(25+120+25)m(主桥中跨系杆拱桥)+10m(挂梁)+(25+3×50+35)m(主桥边跨连拱)=610m。

其中钢箱梁全长79.480m，梁宽35.6m，由2个6.74m的牛腿节段及11个6.0m的标准节段组成，标准节重约74t，牛腿节重约109t，钢箱桥面中心梁高2.2305m，钢梁总重约1034t。钢箱梁由主梁、挑臂、横梁、小纵梁、锚箱、牛腿(牛腿节段)、附属等结构构成。钢梁节段根据运输的需要，在设计允许前提下，将钢箱梁节段纵向分成三块，其中标准节分成两块，牛腿节分成三块，分块线避开锚箱位置。

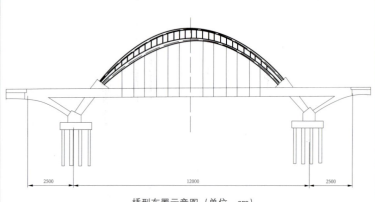

桥型布置示意图(单位：cm)

三、特　点

1. 它是洛阳市首座也是目前唯一一座采用主桥施工监控监测和运营健康监测手段施工的大桥。

在建设的早期施工阶段，在桥身关键部位埋下了369个应变传感器和9个大吨位索力传感器，通过计算机仿真分析，来决定瀛洲大桥主桥施工结构的受力状态是否需要调整。

瀛洲大桥竣工后，这些埋设的传感器继续利用，作为大桥运营健康监测的探头，为大桥的日常维护、保养提供最直观的数据。目前，这种施工监测与后期运营健康监测有效结合的技术在国内还处于领先地位。

2. 瀛洲大桥是洛阳市首座多种桥型组合的大桥。作为国内首座空间倒三角组合式抛物线拱圈桥，瀛洲大桥的外观设计已经申请了国家专利。

3. 施工特点如下：

大桥中部主墩三角区，跨度达46m，混凝土2600m³，科研人员按照成桥1:5的比例，耗资60多万元，建造了一个三角区实体模型，提前对成桥状态进行受力试验，这是洛阳市建桥史上首次采用模型试验。

同时结构的复杂性给施工带来了很大难度，根据上部结构总体施工方案，钢箱梁采用50t跨墩龙门吊机+支架法进行安装。即在中跨场地施工扩大基础，在扩大基础上安装8排4列φ500mm钢管桩，在钢管桩上焊接连接系、分配梁、纵梁、横梁等，形成拼梁支架，在支架上摆放微调系统。然后利用50t龙门吊机将梁块吊装至拼梁支架上，通过微调系统完成钢箱梁的精定位。钢箱梁安装时横桥向按照先下游后上游(牛腿节段先中间,再下游,后上游),纵桥向按照先中间后两边的顺序对称进行施工。

拼梁支架施工:支架由扩大基础、钢管桩、连接系、分配梁、纵梁构成。扩大基础采用条形C30混凝土基础,结构尺寸为10.8m×2m×2m;管桩为φ50cm钢管桩,长14.21m;纵横向连接系为2[10和2[16全焊结构;分配梁长27m,为2[30b全焊结构;纵梁全长77.9m,为HN600mm×200mm×11mm型钢结构。其中扩大基础均落在黏土岩上,承载力均大于400kPa。

钢梁微调系统:微调系统由15t纵横移千斤顶、25t竖向千斤顶、25t砂筒、200t砂筒、横梁、千斤顶底座组成,钢箱梁安装时循环倒用。微调系统提前测量放样就位。其中,25t砂筒应比控制高程略高10~30mm。

(1)砂筒。全桥200t和25t砂筒各32台,砂筒活塞内浇筑C50微膨胀混凝土,底座设螺栓孔放砂,砂筒内砂子采用干燥洁净的中粗砂。每个砂筒都均做压重试验以消除自身的非弹性变形,采用液压千斤顶和反力架进行压重试验。

(2)千斤顶。千斤顶均采用螺旋千斤顶,其中15t纵横移千斤顶与25t竖向千斤顶各8台,备用2台。

(3)横梁。横梁为2[20b反背焊接结构,顶底面间隔加焊10mm厚盖板。横梁与纵梁、25t砂筒与横梁接触区域,进行打磨涂油,打磨面要光滑平整、无突起,打磨范围要比横梁与砂筒下表面位置大20cm。

钢箱梁微调定位:事先在拼梁支架上做好钢箱梁的中线和边线控制线,钢箱梁通过50t门吊吊装至拼梁支架的25t砂筒上,通过门吊进行粗调,以边线控制为主,位置偏差不得大于5cm,符合要求后,梁段落于25t砂筒上。利用全站仪测量梁段位置偏差,根据测量数据进行微调精定位,精定位时以中线控制为主。微调时先纵横移至设计位置,再顶升至设计高程。

纵向微调通过纵梁上的4台15t千斤顶顶送横梁进行;横向微调通过横梁上的4台15t千斤顶顶送25t砂筒进行;高程调整通过横梁上的4台25t千斤顶顶升钢梁进行,高程调整完成后,25t砂筒与钢梁底板的缝隙通过钢板抄垫密实。微调时全程监测,轴线偏位不得大于10mm,顶面高程不得大于10mm。

钢箱梁焊接:钢箱梁焊接分为单节钢梁纵缝焊接和梁段间的环缝焊接。单节钢梁纵缝焊接时按照隔板→底板→顶板的顺序依次对称焊接;梁段间的环缝焊接按照中腹板→边腹板→底板→顶板→小纵梁和U形肋的顺序,从中线向两侧对称进行焊接。焊接前,调整对接口的错边量,错边量不得大于2mm,码板固定。打磨清理焊接区域,检查验收后焊接,焊接采用CO_2气体保护焊。焊后按照规范要求进行无损检测,焊缝均为一级焊缝,超声波100%进行检测,X射线按照10%的比例进行抽检。

体系转换:按照施工顺序,依次安装梁段,因微调系统倒用的原因,需要4次体系转换,即将钢箱梁支撑点由25t砂筒转换到200t砂筒上。4次体系转换分别在6~8号节段焊接完成后、4~10号节段焊接完成后、2~12号节段焊接完成后和1~13号节段全部焊接完成后进行。体系转换时,先将200t砂筒与钢箱梁底板间的缝隙通过钢板抄垫密实,再将25t砂筒内的砂子掏出,25t砂筒与钢箱梁脱空后,抽出横梁,移至下一循环梁段下。钢箱梁安装焊接全部结束后,横梁、千斤顶、25t砂筒全部撤出,钢箱梁整体落于200t砂筒上。体系转换完成后,经测量检查,高程偏差均在0~(+5)mm范围内,满足规范和设计要求。◆

江苏宿淮盐高速公路北京路大桥

桥名：江苏宿淮盐高速公路北京路大桥

桥型：自锚式悬索桥

跨径：（20.75+26.25+132.5+26.25+20.75）m

桥址：淮安市区南郊

建设单位：江苏省淮安市交通运输局

设计单位：江苏淮安交通勘察设计研究院有限公司

施工单位：江苏开通工程建设有限公司

经营管理单位：江苏省淮安市市政公用事业管理局

混凝土用量：23647m^3

钢材用量：10509t

工程总造价：1.1448亿元

工期：2006年6月至2009年11月

一、概 况

宿淮盐高速公路淮安南互通连接线北京路大桥位于淮安市区南郊,跨越京杭大运河,为无支架施工的自锚式悬索桥桥型。遵照城市总体规划的要求,北京路大桥按双向6车道标准建设,桥面宽为35.4m,行车道宽22.5m,行车道两侧各设3m宽的慢车道和1.5m宽的人行道,人行道外侧设置0.8m的吊索区和1.15m的风嘴区,桥梁全宽为35.4m,采用整体断面形式。设计荷载等级为城-A级。该桥梁于2009年获淮安市科技进步二等奖。

桥梁所在地处暖温带鲁淮季风气候向亚热带气候过渡区,兼南北气候特征,具有明显的季风环流特性,冬干冷,夏湿热,四季分明。由于处于两气候带的过渡带,冷暖气团经常交汇,导致气候多变。地貌属黄泛冲积平原,地势起伏较大,地面高程一般在10.0~14.5m之间。

桥梁所跨河流为京杭大运河,全长1794km,是世界上最长的一条人工运河,纵贯南北,是我国重要的一条南北水上干线。桥位处的京杭大运河航道等级为二级,通航净空为90.0m×7.0m,最高通航水位10.63m(1985国家高程基准,下同),最低通航水位8.33m。

二、结 构

其跨径布置为20.75m+26.25m+132.5m+26.25m+20.75m=226.5m,主桥索塔为"门"式钢筋混凝土框架结构,主缆采用对称布置,上、下游各设一根主缆,每根由19束91丝φ5.1mm预制平行钢丝索编排而成。主跨的加劲梁采用钢箱梁,边跨采用单箱4室的预应力混凝土箱梁。全桥吊杆共82根,靠近主梁端部锚块处采用4根刚性吊杆,其余采用高强度镀锌钢丝成品索。索塔每根塔柱下设置13.7m×13.7m×3.5m的承台,每个承台下设置9根φ2.0m的灌注桩;辅助墩立柱为一根φ1.9m的实心圆柱,立柱下设置1根φ2.0m的灌注桩;边墩立柱为φ2.0m的实心圆柱,立柱下设置17.25m×7.75m×3.0m的承台,承台下设8根φ1.8m的灌注桩。

三、特 点

1.桥梁的特殊性如下:

本桥由于主跨跨越的是水运非常繁忙的京杭运河大桥,施工期间不允许长时间中断航道,因此,无法满足常规的自锚式悬索桥均采用有支架施工即"先梁后缆"的要求,即无法实现在支架上现浇主梁,只能采用"先缆后梁"的无支架施工方式。因此,如何进行设计线形及施工控制,特别是如何在这种特殊条件下的施工过程中实现缆索成型及体系转换成为该桥建设成败的关键。

而本桥为自锚式悬索桥主跨采用无支架设计及安装施工,使得主缆线形的计算难度很大。因此,设计中采用解析计算方法和有限元计算方法,确定该桥空缆线形及无支架施工中的主缆线形等,为全桥线形控制提供了依据。施工时对索的线形进行必要的监控和修正，将设计理论与施工实践有机地结合起来，为今后此类桥型的设计、施工积累了经验。

近年来，随着人们生活水平的不断提高，大家对环境景观和美的需求也不断提高，特别是一些大跨径桥梁常被作为景观工程和旅游景点。所以，桥梁美学在中国逐步提升到较高的位置上来。桥梁的美首先要在设计中体现出来，在国外甚至是先由建筑师确定造型，然后由结构工程师在结构上去满足造型的要求。对于桥梁的美，要在总体布置的尺度上把关，很难想象一座各部尺寸不协调而局部做了很多修饰的桥会很美；也要考虑到所选的桥型与周围景观协调；还要注意结构物的局部美化，原则是简洁明朗。

2. 桥梁的特点如下：

宿淮盐高速公路北京路大桥采用无支架施工，为适应这一施工方案，结构设计上主垮采用钢箱梁加劲梁，设置临时锚固系统、辅助墩等。

（1）"先缆后梁"的施工工艺。常规的自锚式悬索桥均采用搭设支架的施工工艺，即"先梁后缆"法，施工过程中不存在体系转换，因此施工较为简单。由于北京路大桥跨越的京杭大运河航运十分繁忙，不能在水中搭设支架，因此为了实现主跨施工无支架的目的，采用了"先缆后梁"的施工工艺。该方法的施工顺序为：先施工主缆锚固节段和临时锚碇，然后架设主缆，在临时锚碇和主缆、锚固端之间设置调节锚束，平衡主缆锚固产生的水平力，最后通过主缆架设加劲梁。该方法是一种无支架的施工方法，不妨碍河道通航，但在国内采用此方法较少。

（2）辅助墩的设置。北京路大桥跨径较小，且主缆自重相对于加劲梁较轻，成桥状态主缆线形可近似为抛物线。本桥边、主跨恒载集度不同，若边跨主梁的自重全部由吊杆承受，根据边跨主缆与主跨主缆的水平力相等的原则计算，主缆线形较低，其在散索处有部分主缆高程低于梁顶高程。为了使边跨主缆线形优美，边跨主梁的自重不能完全由吊杆承担，设计使边跨主缆承担的恒载与主跨主缆相同，其余均布力（g_1-g_2）由辅助墩来承担。

（3）临时锚碇体系。随着中跨主梁的架设，主缆中水平力逐渐增大，但加劲梁尚未形成整体，加劲梁不能承担主缆的水平力，因此设计中采用了临时锚碇系统。

为了实现无支架施工，需设置临时锚碇以平衡主缆在吊装主跨钢箱梁时产生的水平索力，该索力的大小将直接影响临时锚碇的建设规模。桥梁施工过程中，主缆的水平拉力随着钢箱梁吊装节段的增加而增加，单根主缆的最大水平拉力出现在最后一个钢箱梁吊装完成后，为9000kN。为了充分利用成桥下部结构，设计考虑由边墩和临时地锚共同组成临时锚碇系统。在边墩承台上设临时锚块，并通过2根PG1和2根PG2临时索与端横梁相连，施工过程中主缆的水平力由PG1、PG2及临时锚块全部传递至边墩承台上。通过对边墩承台进行变位和强度计算，边墩承台最大的承载能力为7000kN，余下的2000kN荷载由临时锚块和临时地锚间的2根PG3临时索传递至临时地锚，由临时地锚承担。

边墩承台采用群桩体系，顺桥向设置4根φ1.8m的灌注桩，横桥向共2排。临时地锚采用斜桩体系，由2根5∶1的挖孔斜桩及桩顶承台组成，并采取压重措施，大大提高了斜桩基础抵抗水平力的能力。

（4）桥面铺装。从经济实用、降低造价方面考虑，本桥的桥面铺装先对钢桥面板进行除锈，再喷涂环氧富锌漆，然后向上依次铺设环氧沥青防水层及两层+3.5cmSMA-13。◆

江西丰城剑邑大桥

桥名：江西丰城剑邑大桥
桥型：独塔双索面斜拉连续组合桥
跨径：（55+2×165+55）m
桥址：江西省丰城老城区北边缘
建设单位：丰城市剑邑大桥投资建设有限公司
设计单位：江西省交通设计院
施工单位：中国中铁一局桥梁公司
工程总造价：1.43亿元
工期：2006年9月至2008年底

一、概况

丰城剑邑大桥位于江西省丰城老城区北边缘，是跨越赣江的一座特大桥，也是规划的丰城市外环快速干道的重要组成部分。主桥部分全长1644.5m，自西向东分孔布置为30×20m（连续空心板）+10×40m（连续T梁）+（55+2×165+55）m（斜拉—悬臂组合结构）+23×40m（连续T梁）。其中，大桥主孔采用独塔双索面斜拉—悬臂组合结构体系，跨径为（55+2×165+55）m。主塔为钢筋混凝土H形塔，主梁为Π形与箱形组合形式梁，斜拉桥梁、塔、墩固结。

二、结构

1. 斜拉桥主塔

主塔为H形直立塔，两塔柱赋予宝剑内涵，象征着丰城历史传说中的龙泉、太阿双剑，"剑身"为桥面以上塔柱，"剑柄"为桥面以下塔柱，"前剑镡"为主梁（主梁根部梁高4.0m），"后剑镡"为承台。该造型较为形象地体现了剑文化特点，也与桥名相适应，且结构各部位尺寸均以满足受力需要为前提，使工程技术与文化需求有机地融合在一起。

桥面以上部分塔柱（上塔柱）高81m，主梁底面至承台顶面塔柱（下塔柱）高17.143m。上塔柱拉索部分的截面为工字形，非拉索部分的截面为八边形，截面沿桥纵向最大长度为5.5m，沿桥横向最大宽度为3.0m；下塔柱截面加长加宽，截面为6.2m×4.0m。工字形截面的空腔平面尺寸为1.5m×1.4m，并沿铅垂方向每4.434m设一隔板，构成施工和检测的操作平台。为美观需要，采用玻璃幕墙和铝合金分格封闭空腔。两柱柱顶设置为尖顶造型。

主塔为钢筋混凝土结构，上下横梁为空心预应力混凝土构件。

塔柱顶端设置航空灯和避雷针，在塔柱施工时预埋相应锚固件。

2. 斜拉索

每根斜拉索相互平行，仰角29°，以塔为中心对称布置，立面上为14对，每对共4根，全桥共有斜拉索56根。梁上索距8m，塔上索距4.434m。斜拉索为OVM250型拉索锚固体系，在塔上一端张拉，每索上下端套筒出口处均设置由黏弹性高阻尼材料制成的减振阻尼衬套，且索的外周采用带螺旋线的HDPE外套管防护，以减小拉索的风激振动。拉索下端伸出桥面处设置"将军帽"，以增强拉索美观效果、防止雨水渗入并避免HDPE防护被人为破坏。

3. 主孔主梁

斜拉部位的主梁为预应力混凝土Π形梁，标准段梁肋高2.5m，主塔附近的根部梁高按二次抛物线变化加高至4.0m；标准肋厚1.8m，根部肋厚为适应受力需要变化为3.5m。主梁顶板标准宽为28.3m，顶板厚22cm，顶面设置1.5%的横坡排水。悬浇标准节段长8m，且每4m设一道横隔板。

主跨无索区及边跨为预应力混凝土变截面双箱单室结构。箱梁结构较为复杂，边墩墩顶块件（即箱梁0号块）左右相对应的块件长度一致，重量也基本相同，但箱体宽度和高度均存在差异，墩顶梁高4.0m，斜拉跨一侧最大悬臂处梁高2.5m，副孔一侧最大悬臂处梁高2.4m，两侧均按二次抛物线变化。两箱之

间的预应力混凝土横隔板板距有4.15m、4.4m、4.6m及4.7m四种。箱体对接斜拉部位的Π形梁梁肋，使之在外形和受力两方面均能平缓而自然衔接。为提高箱梁的抗弯和抗扭能力，其腹板和底板均厚于普通的连续箱梁，腹板厚60cm，且支座支承处加厚；顶板和底板厚均为40cm。箱梁底宽由3.399m渐变至边墩处的6.5m。边墩至主副孔过渡墩段（即主孔边跨）的箱梁底板等宽，均为6.5m。斜拉桥面标准有效总宽28.8m至副孔有效宽度23.5m的变化，全部在边跨中实现。

4.主孔结构分析计算

主孔采用MIDAS/CIVIL和桥梁博士V3.0两套程序进行结构整体分析计算，并对局部受力采用了SAP程序进行空间有限元分析。计算时考虑了结构自重、预应力、汽车荷载（按6车道折减）、步道人群、温度变化、混凝土收缩徐变、支座沉降、风力、地震力、船舶撞击力等荷载及其可能的最不利组合对结构的影响。按照设计地震动峰值加速度和最大风力，进行了相应的抗震验算和抗风力强度验算。

三、特　点

1.主孔采用斜拉—悬臂协作体系，该结构与相同跨径的纯斜拉桥相比，具有明显优势，主要表现在：

(1)能够提供边墩附近主梁恒载负弯距从而降低边跨正弯距值。

(2)与相同跨径的纯斜拉桥相比，可以大大节省昂贵的斜拉索数量（主要是减少了长索的数量），并有效地降低了主塔的高度，从而大大降低了工程造价。

(3)降低主梁根部混凝土压应力，并提高了结构的稳定性。

(4)提高了斜拉桥主梁的整体刚度，有效地控制了挠度，使得行车平稳。

(5)减小了斜拉桥悬臂施工长度，从而可以明显地缩短施工工期。

2.主塔造型与地方文化相结合，两塔肢分别象征着丰城历史传说中的龙泉、太阿双剑，将历史寓于工程之中，造型形象，使大桥成为丰城的标志性建筑物，象征意义深远。

3.主孔主梁采用Π形梁与箱梁的组合形式，实现了两种梁型的平顺对接。不仅外形优美，而且结构传力明确、构造简单、施工便利，为该种桥型的推广积累了宝贵经验。

4.主孔斜拉索平行布置，克服了扇形布索视觉凌乱感，外观优美。斜拉索采用钢绞线索，施工化整为零，安装便捷，并为今后的换索提供了方便。

5.结合本斜拉桥桥型的特点，在主桥桥面上设置绿化带。

6.斜拉桥塔柱内设置了爬梯和检测平台；Π形主梁梁底安装了移动检测车，箱形主梁设置了进箱检查孔；拉索内预埋了磁通量传感器。从而建立了全新的检测维护系统设施，达到国内先进水平。

7.全桥桥墩均为双柱式直立矩形形式，空间通透，造型美观，为国内罕见。

8.引桥空心板采用先简支后结构连续形式，空心板预制为先张法工艺，连续采用普通粗钢筋，双排支座支撑。该结构不仅大大方便了施工，而且改善了行车条件，降低了养护费用，提高了耐久性能。◆

江西贵溪大桥

桥名：江西贵溪大桥
桥型：无背索独塔单索面斜拉桥
跨径：（209.601+50+40）m
桥址：贵溪市城市西部
建设单位：贵溪大桥建设指挥部
设计单位：北京建达道桥咨询有限公司
施工单位：天津第三市政公路工程有限公司
　　　　　江苏中泰钢结构股份有限公司
混凝土用量：14600m³
工程总造价：1.08亿元
工期：2006年3月至2009年1月

一、概　况

贵溪大桥跨越信江，位于浙赣线贵溪铁路大桥上游约300m处。桥面总宽28m，布置4车道+2非机动车道+2人行道。设计荷载公路-I级；设计车速40km/h；设计洪水频率300年一遇；地震基本烈度Ⅵ度；通航等级Ⅲ-(4)级，采用双向通航，通航孔净宽2×40m，净高8m；设计基本风速24m/s。主桥跨径组成为（209.601+50+40）m，为国内最大跨度独塔单索面竖琴式无背索斜拉桥。主塔高111.8m，前沿与水平面夹角64°，在距桥面30m处分成两肢呈人字形。深18m的主塔基础直径达9.5m，是目前国内最大的挖孔圆柱桩基础。主梁采用钢箱梁和预应力混凝土现浇箱梁混合梁结构，桥身承台采用14m水中高桩承台结构，首次运用"钢套箱"施工工艺，解决了钢套箱下沉、水中定位、水下封底等一系列技术难题。引桥长120m。

贵溪大桥主桥钢箱梁悬拼块件重达150t，首次采用桥面吊机进行悬拼施工，并创新性地采用5个直径达1.5m的大型充气气囊作为滚轴，将钢箱梁滚动下水。同时将内部中空的钢箱梁两侧密封焊接，形成船体结构牵引整体浮运，大大降低了施工成本。

在大桥现浇箱梁施工过程中，施工人员摒弃传统沙袋预压施工方法，针对大桥所处水域水资源丰富的特点，在梁模内实施"水囊"预压法，直接将江水作为预压荷载，提前"加载定型"，实现一次性浇筑成功，成功解决了该施工难题，并取得了良好的经济效益。

二、结　构

江西贵溪大桥主梁采用混合梁形式，其中主跨174m采用钢箱梁，其余采用预应力混凝土现浇箱梁，在距塔根主梁边缘19m处和离1号辅助墩10m处设置钢混结合段。主塔塔身和前肢为钢筋混凝土结构，后肢为预应力混凝土结构。主塔基础直径9.5m，为目前国内最大的挖孔圆柱桩基础。主桥施工顺序为首先主塔施工至42m高度；施工塔根部梁段并张拉0号索后，主塔继续施工至64m高度；此后，主塔和主梁采用交替施工，主塔逐段爬升，钢箱梁逐段吊装焊接，并张拉对应梁段斜拉索，直至合龙。

索塔竖直高度111.83m，在立面上，塔身上部为等截面，截面基本高度9m，在距桥面约30m高度处分成两肢，呈人字形，前肢截面高7m，其前沿与上部塔身的前沿为一直线，与水平面夹角为64°；后肢截面高8m，与地面垂直，后肢与上部塔身的转折以半径100m圆弧线过渡；两塔肢间净距13.6m，塔身上部和两肢均为空心截面，截面的前后沿壁厚均2m，侧壁厚1.4m。为抵抗使用阶段的拉应力，后肢采用预应力混凝土结构。

桥位处西岸地势较高，为红砂岩露头的岗阜；东岸地势较平坦，洪水时漫滩，汛期滩流较小；测时水面宽270m。地质勘察显示桥址区上覆土层为第四系全新统冲积层，下伏中生代白垩纪和第四纪岩层，岩性为砂岩、砂砾岩，无不良地质现象。

贵溪大桥索塔基础设置在西岸岩基上，根据地质资料，主塔处基础地质情况较好，无覆盖层，无强风化层，地面以下为弱风化和微风化红砂岩。设计时根据主塔处无覆盖层、基岩外露且易切割的特点，采用挖孔施工的圆形钢筋混凝土深基础，施工简便，工程量大大降低。

主塔前、后肢分别设置一个嵌于岩层内的圆形钢筋混凝土深基础，基础直径均为9.5m，深18m，达到微风化岩层。两基础中心距22.733m。在地面处塔宽范围内两基础以2m厚钢筋混凝土板相连。

大桥主梁采用混合梁，梁高3m，宽28m。塔侧及主孔1号辅助墩侧主梁采用预应力混凝土箱梁，其余为整体式钢箱梁，钢箱梁段长174m，边孔采用预应力混凝土箱梁。考虑尽可能减少钢箱梁长度以降低工程造价，本桥共设置两个钢混结合段，分别为离塔根处主梁边缘19m处和离1号辅助墩10m处。钢箱梁和混凝土箱梁采用钢混结合剪力键连接。

钢箱梁采用Q345qD钢材，共有12个标准梁段和1个合龙段，标准节段长13m。顶板厚14mm，底板厚12mm，横隔板间距3.25m；顶板车行道的加劲肋为8mm钢板轧制的U形肋；斜拉索对应位置横隔板厚12mm，其他位置横隔板厚10mm。为满足斜拉索锚固在主梁上，钢箱梁内设两道纵隔板，纵隔板厚30mm。混凝土箱梁采用C55混凝土，外形与钢箱梁保持一致，为单箱四室断面，辅助墩顶梁高4m，辅助跨跨中及梁端部分梁高2m。

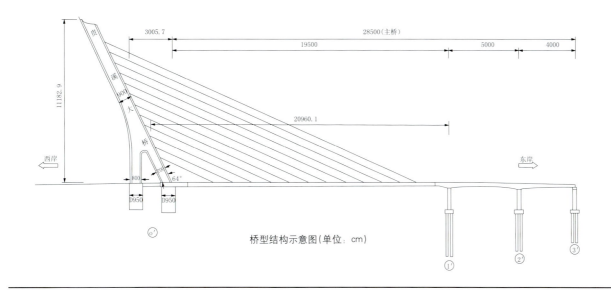

桥型结构示意图(单位：cm)

钢主梁上缘最大应力出现在靠近塔端钢混结合段处，其值为118.51MPa，此值考虑钢梁的第二、三体系的影响为165.23MPa；下缘最大应力为126.73MPa。钢箱梁最大应力165.23MPa<1.25×213＝266.3MPa，满足要求。

预应力混凝土梁成桥阶段上缘最大压应力10.3MPa，下缘最大压应力9.63MPa，未出现拉应力，满足规范要求。

桥斜拉索共两个索面，横向间距90cm，布置在中央分隔带处。主梁上顺桥向的标准索距为13m，纵向拉索布置为竖琴形拉索，本桥采用直径7mm标准强度f_{pk}＝1670MPa的平行镀锌钢丝。根据受力大小，斜拉索共分4类，钢丝根数为139～187丝。拉索外包双层HDPE护套，其外附着螺旋线，以减少风雨振的影响。

斜拉索在塔上的锚固采用常规的在塔壁设楔形块的锚固方式，在梁上的锚固方式为纵隔板上贴锚箱抗剪连接，拉索锚固在锚箱的承压板上。

本桥斜拉索应力最大的索为最长的12号索，其值为570MPa。斜拉索应力幅最大的索为5号索，其值为136MPa。依据规范规定：在持久状况下，$[\sigma]\leq0.4R_b$＝668MPa；$\sigma\leq$200MPa，满足规范要求。

三、特　点

1.在桥型方案比选时，考虑到桥位的地质特点，主塔放置于西岸基岩上，以200m左右跨径跨过主航道，东岸水上部分以50m+40m变截面连续箱梁相接，跨径布置有递进和层次感。

2.贵溪大桥主塔的水平倾角采用64°，与国内同类桥型相比倾角较大。这虽可降低斜塔的施工难度，但同时使主塔的受力平衡更为困难。为此，采用了两个塔肢的设计方案。后肢的作用在于：增加了塔的结构刚度；可以增加主塔下缘抗弯能力；施工时主塔可在56m高度内实现无支架单独施工。

3.无背索斜拉桥可以采用塔梁交替施工。采用这种施工方式时，索塔应考虑具有足够的刚度，尽量减小施工时索塔位移对结构线形的影响，为主梁的高程控制创造有利条件。贵溪大桥索塔采用前后分腿的结构，对提高其刚度有很大的好处。

4.大直径人工挖孔桩比较适合基岩裸露且又不宜采用扩大基础的桥梁。设计时应按规范规定的刚性桩计算其位移及作用效应；施工时注意加强温度监测，控制好混凝土的水化热。◆

辽宁朝阳麒麟大桥

桥名：辽宁朝阳麒麟大桥

桥型：主桥三跨双索面预应力混凝土自锚式悬索桥

跨径：(73+180+73)m

桥址：辽宁省朝阳市东部出口

建设单位：辽宁省朝阳市交通局

设计单位：北京建达道桥咨询有限公司

施工单位：中铁十八局集团二公司

混凝土用量：主梁(含横梁)混凝土用量为9047m^3

工程总造价：1.2亿元

工期：2007年6月至2009年9月

一、概 况

大桥横跨大凌河，西接城区黄河路，东接凤凰组团开发区。全长502.32m，主桥为双塔三跨双索面自锚式悬索桥，长326m，宽31.5m；两侧引桥分别长88.16m，宽25.5m。整座大桥具有欧洲古典悬索桥风格，采用了现代化气息浓厚的门字形塔，由塔、梁、缆索构成的悬索桥以曲线为基调。具有古典风情的索塔，体现了朝阳人民继往开来建设新朝阳的斗志。麒麟大桥是朝阳有史以来建设标准最高、技术工艺最复杂、施工难度最大的桥梁。设计车速为60km/h，设计洪水频率为百年一遇，抗震烈度按Ⅷ度设防。

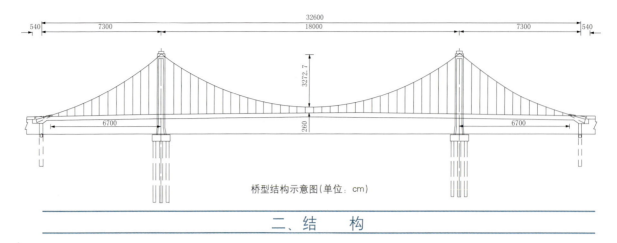

桥型结构示意图(单位：cm)

二、结　构

大桥主桥三跨双索面预应力混凝土自锚式悬索桥，采用塔墩固结、塔梁分离的半飘浮体系。主桥在桥塔及过渡墩处均设置活动支座，在主墩处设有横向限位支座，横向限位支座中的四氟滑板与主梁侧钢板之间的空隙为1.0cm。

主梁采用预应力混凝土现浇箱梁，箱梁标准断面为单箱四室。箱梁底板宽19.9m，箱梁中心高2.5m，箱梁顶板横坡与桥面横坡一致，设双向1.5%横坡，底板水平。箱梁顶板厚度20cm，底板厚度20cm，边腹板厚40cm，中间腹板厚30cm。箱梁内标准横梁纵向间距为5m，与吊杆一一对应，横隔梁横桥向宽度为31.5m，横梁中间厚度32cm，端部加厚为95cm，横梁按照全预应力混凝土构件设计。主桥两端设强大的端横梁用于锚固主缆并作为压重，端横梁高4.3m、长5.0m、宽28.5m，为预应力实体结构。端横梁设牛腿支承引桥，用于主桥梁端压重，牛腿高2.15m、宽1.4m。

大桥主桥主梁(含横梁)混凝土用量为9047m³，Φ^s15.2钢绞线用量为192.055t，钢筋用量为2039.813t。塔柱采用十字形截面，下塔柱截面外轮廓尺寸从塔脚3.5m×5.5m渐变到下横梁处2.5m×4.5m；上塔柱截面外轮廓尺寸为2.5m×4.5m。塔柱为实体断面，塔上共设两道横梁，下横梁采用2.5m×3.5m箱形截面，壁厚0.5m，上横梁采用钢桁架。索塔基础采用群桩基础，每个塔柱下设9根直径1.8m的钻孔灌注桩，承台平面尺寸为11m×11m，厚度为4m。桩基按照嵌岩桩设计，要求基底嵌入未风化砂砾岩层不小于5m。

大桥主桥下部混凝土用量为10429m³，钢筋用量为1422.970t。全桥主缆共两根，每根主缆由37股预制平行钢丝索组成，每索股含有127根φ5.2mm高强镀锌平行钢丝，每根主缆由4699丝钢丝组成，钢丝抗拉强度标准值为1670MPa，弹性模量为2.0×10^5MPa。主缆架设完毕后用挤圆机挤

成圆形,用镀锌钢丝缠绕,然后用腻子勾缝,表面进行防护。主缆索夹外截面直径为390.9mm(空隙率20%),索夹位置截面直径为386.1mm(空隙率18%)。主缆平行钢丝用量为564t。吊杆采用刚性吊杆及柔性吊杆,其中1号吊杆为刚性吊杆,12～13号吊杆为127-ϕ7.0mm高强镀锌平行钢丝柔性吊杆,其余吊杆为109-ϕ7.0mm高强镀锌平行钢丝柔性吊杆。柔性吊杆高强镀锌平行钢丝标准强度为1670MPa,弹性模量为2.0×10^5MPa。吊索采用双层HDPE保护低应力防腐索体系。下锚头采用球形垫板支座,球形支座最大允许转动量:刚性吊杆±2°,柔性吊杆±3°,以满足其变形需要。

吊索上锚头采用吊耳式冷铸锚,锚头由锚杯与耳板构成,锚杯内填充环氧混合料,吊耳板与锚杯用螺纹联结,吊索下锚具采用$\phi7\times109$和$\phi7\times127$吊索专用锚具。吊杆由梁底张拉。全桥刚性吊杆共4根,柔性吊杆共112根,吊杆共计116根。吊杆中$\phi7\times109$索体用量为46.85t,$\phi7\times127$索体用量为19.694t。索鞍采用全铸整体式索鞍,为肋传力结构形式。主缆槽内主缆中心线处的纵向圆弧半径$R=3.5$m。索鞍长4.28m,宽1.5m,高2.18m,全桥共4个索鞍。鞍座下设置聚四氟乙烯板,便于主鞍在施工过程中通过塔顶预埋反力架进行顶推。索鞍顶推就位后,通过剪力键及螺栓将索鞍与上平板固定。底座上平板与主塔预埋钢筋通过焊接予以固定。为增加主缆与鞍槽间的摩阻力,鞍槽内设竖向隔板,在索股全部就位并调索后,在顶部用锌块填平,再用压紧装置将鞍盖压紧,用侧壁夹紧螺栓将侧壁夹紧。

三、特　点

1. 本桥桥塔形式进行过专项景观设计,经过多次方案比选,最终确定采用现代气息浓厚的门字形塔,索塔桥面以上高35.927m,全高49.027m。

2. 为了加强主缆在靠近主鞍区的防护,采取设置缆索封闭装置的模式满足主缆与空气隔绝并允许自由转动的要求,该封闭装置主要包括鞍罩出口连接套、主缆防护套、锥形索夹等构件。

3. 大桥在边跨采用散索套构造,其作用是将主缆由一根整索分散成37股单束,分散锚固于梁端。散索套结构与索夹类似,散索套圆弧半径为4m,以利于索股发散锚固。全桥散索套共4套。索鞍等钢材总用量为163.083t。

4. 该桥主缆预制索股采用热铸锚,每个索股两端各设一个锚头,锚头由工厂制造。待主缆经过散索套后,呈辐射状散开,穿过各自的导管分别锚于梁端。锚垫板及锚头上设置了泄水孔道,以免导管内积水。

5. 由于各索夹处主缆倾角不同,所需的索夹夹紧力不同,索夹长度及螺杆数量也均不同,为方便施工,将全桥索夹分为6组。索夹均采用左右对合型的形式,左右两半索夹采用螺杆相连夹紧。索夹下端伸出吊耳板与吊杆销接。全桥索夹共124套,有吊索索夹116套,无吊索索夹8套。◆

辽宁铁岭新城凡河四桥

桥名：辽宁铁岭新城凡河四桥
桥型：独塔钢箱梁斜拉桥
跨径：（140+110）m
桥址：铁岭新城如意湖景观核心区西南部
建设单位：铁岭财京投资有限公司
设计单位：上海林同棪李国豪土建工程咨询有限公司
施工单位：中铁九局铁岭新区工程项目部
监理单位：山东省交通工程监理咨询公司
　　　　　铁岭市凡河新城区路网工程监理办
工程总造价：1.575亿元
工期：2007年9月至2009年9月

一、概　　况

凡河四桥位于铁岭新城如意湖景观核心区西南部，是新城区城市次干道澜沧江路跨越凡河的重要交通节点。由于该桥紧邻新城区行政、文化中心，地理位置十分重要，桥型方案以"功能、景观"为设计主线，融入地方特色，斜拉桥桥塔采用极具结构力度和韵律感的三塔交织梭形独塔形式，力图展现铁岭人民建设新城的豪迈气度和宏伟决心，具有较强的视觉冲击感。

凡河四桥桥位处水面宽度约为220m，全桥按七孔布设，跨径组合为2×30m（西引桥）+（140m+110m）（主桥）+3×30m（东引桥），全长400m。主桥为钢—混凝土混合主梁，钢箱索塔；引桥为预应力混凝土连续箱梁结构。横断面按双向4车道布置，并设非机动车道和人行道。主桥横断面宽32.3m，引桥横断面宽28.3m。

二、结　　构

主桥为跨径140m+110m的梭形独塔斜拉桥，索塔由三个弧形塔柱交织成梭形，塔高90m，桥面以上塔柱采用钢箱结构，桥面以下塔柱采用混凝土结构。斜拉索在140m的桥跨内锚固在中央分隔带内，在110m桥跨内锚固于箱梁两侧的锚箱内，两跨各设置13对拉索。

全桥钢箱梁共划分25个梁段，分过渡墩顶梁段、标准段、钢—混凝土结合段。其中，标准梁段长度均为9m，共计21个，边跨过渡墩顶梁段内增加压重；钢—混凝土结合段共有2个，长度均为4.5m。索塔区主梁预应力混凝土梁段长度为32m，其中在与钢

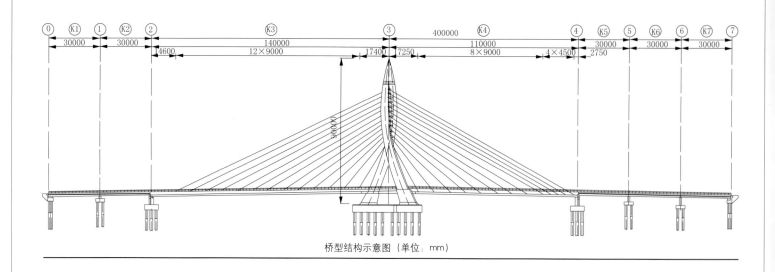

桥型结构示意图（单位：mm）

箱梁结合处各有2.0m的横梁，混凝土主梁在中墩支座中心线上方和塔梁固结处的横梁宽2.5m。

主跨和边跨采用单箱五室流线形扁平钢箱梁，由顶板、底板、斜腹板、纵腹板及横隔板等组成。箱梁中心梁高3m，钢箱梁全宽32.3m，高宽比1：10.767，高跨比1：46.667。

主梁预应力混凝土段箱梁长度为32m，截面宽度为28.3m，中心梁高为3m，桥面板设2%的双向横坡。箱梁采用单箱四室截面，对应与钢箱梁截面的中箱室在混凝土段内采用实心截面，以满足中塔柱与钢箱梁的固结需要。边腹板厚度为70cm，中腹板厚度为300cm，边箱室顶、底板厚度均为30cm，中箱室顶、底板厚50cm。为与钢箱梁截面外形保持一致，除边塔柱区域外，其余混凝土梁段外侧均以预埋件焊接风嘴。

钢梁与混凝土梁结合处的传力通过钢梁部分的补强部分加以分散，在结合面延伸至钢梁处顶底板各增设一梯形格室，格室高度由800mm变化至500mm，内灌混凝土，并焊接剪力钉，剪力钉的分布范围为结合面至钢梁1000mm区段内，结合面至混凝土梁1500mm的区段内。通过钢格室的后面板、抗剪连接件及钢板与混凝土之间的黏结力等作用传递到填充混凝土中，再传到混凝土主梁中。并且混凝土梁段部分预应力钢束直接锚固在钢格室的后面板上，使结合段更为牢固。

索塔全高90m，为全钢箱结构，采用Q345qE钢，桥面以下塔柱柱脚为钢筋混凝土结构，索塔外侧线形由圆曲线段及倾斜直线段组成，圆曲线半径为120m。

一个钢索塔共分为23个塔柱节段，其中包含塔尖节段1个、塔尖固接段1个。各节段长8.839~13.370m，重量为55.7~161.6t。中塔钢—混凝土结合段1个，边塔钢—混凝土结合段共2个。

中塔节段的断面尺寸沿横桥向为2.6m，沿纵桥向渐变，为3.110~5.902m。断面为单箱双室结构，壁板的厚度沿纵桥向为30mm，沿横桥向为40mm，中腹板为30mm。边塔节段的断面尺寸沿纵桥向为2.4m，沿横桥向渐变，为3.118~5.902m。边塔断面为单箱单室结构，四周壁板的厚度均为30mm。每个钢索塔节段设置横隔板，横隔板厚均为16mm，横隔板间设置横向加劲，沿塔柱中心线方向标准间距为1.5m。

在3根塔柱横梁以上区域设置了11组横向撑杆，将分离的3根塔柱得以两两连接。撑杆与斜拉索交错布置，避免相互阻隔，撑杆位置与拉索锚箱隔板对齐。各撑杆组竖向间距为2.5~3.8m，各撑杆与主塔之间通过焊接方式连接。每组横向撑杆由1根边塔间撑杆和2根中—边塔撑杆组成。两种撑杆的断面均为0.5m×0.5m矩形断面。边塔间撑杆的顶板、底板及侧板厚度均为20mm，沿纵向每隔70cm设一道厚12mm的横隔板。中—边塔撑杆由于受力较大，其顶板、底板及侧板厚度为50mm，沿纵向每隔70cm设一道厚20mm的横隔板。

塔柱柱脚为钢筋混凝土结构，在主梁梁底至承台顶的7.065m范围内，横桥向尺寸由3m变至5m，顺桥向尺寸由7.444m变至11.085m。边塔柱两个柱脚在平面内斜置，相交角度为29.86°。从承台顶至索塔钢混分界面，长边方向尺寸由9.519m变至8.017m,短边方向尺寸由4.009m变至3.162m,并在柱脚与承台接触面处设倒角。

钢索塔与混凝土柱脚之间设钢—混凝土结合段,采用"钢筋混凝土柱剪力键"(PBL剪力键)和底座作为传递荷载的主要构件,剪力钉作为辅助传力元件,承压板作为强度储备。钢—混凝土结合段中的钢结构,分为锚固箱、底座、底座定位件三个部分。锚固箱底与底座焊接,底座与底座定位件连接,而底座定位件则定位于承台底主筋上。底座定位件为劲性骨架。锚固箱壁板、腹板、加劲板厚度与桥塔钢箱截面板厚相同,承压板厚36mm,锚固箱底板厚36mm。

斜拉索采用带PE覆层的镀锌钢丝斜拉索,外防护采用高密度PE防护套,防护套与平行钢丝之间填充抗震泡沫胶。拉索两端配以冷铸锚具,梁上为张拉端锚具,塔上为固定端锚具。纵向拉索采用扇形布置,全桥共4×13=52对。锚跨拉索布置为双索面,两端分别锚固在边塔柱和主梁两侧,主跨拉索布置为单索面,两端分别锚固于中塔柱和主梁中央分隔带,主梁上基本索距9m,边跨密索区索距4.5m,塔上索距2m。为减小斜拉索的风震、雨震,在每根斜拉索上都设有减震器,在下端2.5m范围内外包不锈钢管,以保护斜拉索不受撞击破坏。

索塔承台平面呈T形,将三根塔柱柱脚连为整体。中塔柱下承台横桥向宽15m,边塔柱下承台横桥向宽50.9m,承台顺桥向长41.05m,厚4.5m;索塔承台下共设62根直径为1500mm的钻孔灌注桩基础。

三、特　　点

1．桥塔通过三个空间曲线塔柱交织成梭形,为增强桥塔的通透感,塔柱间采用11对高度仅0.5m的撑杆进行连接,以凸显桥塔独特的造型。

2．为优化异形桥塔结构受力,确保结构安全可靠,设计时主梁采用钢—混凝土结合梁,主跨及边跨主梁均采用扁平式钢箱梁,桥塔处墩顶段采用预应力混凝土主梁,同时为中塔柱塔墩梁固结创造条件。

3．斜拉索结合塔柱的空间位置进行合理布局,主跨侧斜拉索在塔上锚固于中塔柱,梁上锚固于中央分隔带内,呈单索面布置;边跨侧斜拉索在塔上锚固于两侧边塔柱,梁上锚固于钢箱梁外侧,呈双索面布置。

4．由于本桥位处河道尚未开挖至规划宽度,现状河道较窄,主桥钢箱梁和混凝土梁段均采用满堂支架施工方式施工。

5．本桥梭形主塔在当时尚属国内首例,由于塔柱总重量达1893t,高90m,节段重55.7~161.6t不等,吊装难度较大,施工技术要求高。主塔吊装方案为:先搭设支架架设中塔柱横梁以下节段,然后搭设支架架设边塔柱横梁以下节段,塔柱间设置临时撑杆,将三根塔柱水平向锁定;吊装焊接横梁连接中、边塔柱;横梁以上索塔部分,考虑先安装中塔柱节段,利用中塔柱与边塔柱连接的塔间撑杆反拉边塔柱,逐节段进行整体施工;最后完成塔顶固结和塔尖施工。◆

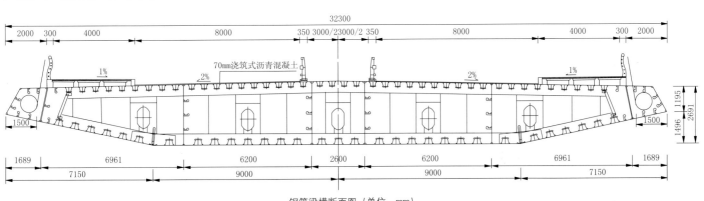

钢箱梁横断面图（单位：mm）

内蒙古呼和浩特如意河桥

桥名：内蒙古呼和浩特如意河桥
桥型：双塔双索面矮塔斜拉桥
跨径：（42+83+42）m
桥址：内蒙古呼和浩特市
建设单位：呼和浩特春华水务开发集团有限责任公司
设计单位：北京市政工程设计研究总院
施工单位：湖南省第三工程公司
混凝土用量：约13000m³
钢材用量：约2000t
工程总造价：0.5亿元
工期：2006年底至2010年4月

一、概 况

本次工程的主要内容为在整治完成的东河河道上兴建一座机动车景观桥,连接规划的园二路,承担呼和浩特市东面新城区与东河以东开发区之间的交通。机动车景观桥跨越东河将河流东西两侧连接起来,将有效地缓解东西两岸的交通问题。

桥位紧邻内蒙古自治区党委政府。在宏观地貌上属于大青山山前冲洪积倾斜平原上部与大黑河冲积平原的交接部位。本场地采用呼市独立高程系,场地绝对高程为1055.924~1060.434m,最大相对高差为4.51m。该地地层结构较为简单,分布连续稳定,全部由第四系全新统地层组成。根据其成因和形态的不同,本建筑场地地层综合划分为6层:粉土、圆砾、砾砂、亚黏土、粗砂、亚黏土。

大桥全长167m,宽度32.8m,桥梁面积5887.6m^2(路桥分界线以耳墙尾端桩号计)。桥梁高处设计洪水位0.5m,机动车道荷载标准为城-A级,人行道荷载标准为4.0kN/m^2。抗震设防烈度按Ⅷ度设防,设计地震动峰值加速度值为0.2g。防洪标准按二百年一遇设防,设计洪水位1058.86m;河底高程1055.96m。

二、结 构

桥跨布置在满足使用条件的前提下,力求经济合理,施工快捷,造型美观。桥梁采用塔梁固结、塔墩分离的结构形式,跨径依据东河规划河道断面要求布置为42m+83m+42m=167m,桥梁全长168.6m,桥宽32.8m。主梁为变截面箱梁,采用C55混凝土,单箱五室断面,中支点处梁高3.5m,边支点及中跨跨中梁高1.5m;塔柱采用C50混凝土,矩形断面,主梁以上塔高为11.37m,塔顶拉索有效高度为9.37m;拉索采用ϕ55×15.24钢绞线,每个索塔布置三对斜拉索,其中1号索为通长拉索。拉索梁上间距为10m,塔上间距为0.9m。

1. 上部结构设计

东河跨河桥为双塔双索面矮塔斜拉桥,桥宽32.8m,跨径组合为42m+83m+42m=167m,受力体系为塔梁固结,塔墩分离。1号中墩桥塔为梁塔固结,桥塔下的1号中墩上设置4个固定支座(外侧为2个KQGZ 20000kN-GD抗震球型钢支座,内侧为2个KQGZ 25000kN-GD抗震球型钢支座);2号中墩桥塔亦为梁塔固结,桥塔下的2号中墩上设置4个纵向活动支座(外侧为2个KQGZ 20000kN-ZX±100抗震球型钢支座,内侧为2个KQPZ 25000kN-ZX±100抗震球型钢支座)。

主梁采用单箱五室箱形结构,梁高由3.5m按照椭圆线形渐变到1.5m。标准断面箱室顶板厚22cm,底板厚20cm;中支点加强断面箱室顶板厚50cm,底板厚60cm;标准断面箱室腹板厚50cm,中支点加强断面箱室腹板厚100cm,拉索锚固点腹板厚120cm。主梁采用双向预应力结构,纵向预应力和横向预应力均采用钢绞线。

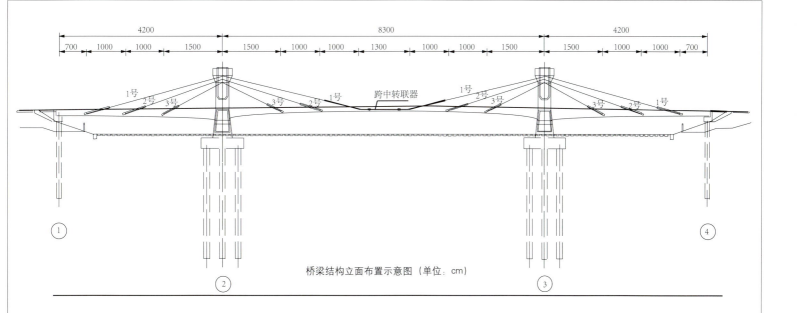

桥梁结构立面布置示意图（单位：cm）

本桥共设4个索塔，布置在机动车道与非机动车道之间的分隔带上。索塔桥面以上高11.368m。塔柱根据景观设计及受力要求采用变截面矩形断面，塔根部断面尺寸为3.5m×2.0m，塔中部断面尺寸为3.5m×1.6m，塔顶部断面尺寸为5.1m×2.4m。每个索塔上挂3对斜拉索，在竖向分为3层布置。斜拉索在塔上间距为0.9m，通过鞍座穿过塔身。鞍座采用分丝管形式，每根分丝管穿一根钢绞线，以便桥梁维修时可以单根换索。索鞍的斜拉索出口处设抗滑锚板，以防止使用阶段钢绞线滑动。斜拉索在主梁上间距10m，锚固在箱梁最外侧箱室的内侧腹板加厚段上，并于相应位置设置一道横隔梁。

本桥拉索设计不同于一般斜拉桥，即最上层拉索（1号、6号）在跨中位置拉索不设置锚头，而采用跨中转联器转向，形成通长拉索。这种创新设计可以省去跨中的四个锚头，并使梁高仅为1.5m的跨中断面构造相对简化，便于施工。

2．下部结构设计

中墩采用矩形薄壁结构，中墩根部截面尺寸为29m×5m，中墩顶部截面尺寸为28.5m×4.25m。中墩在横桥向设置3个椭圆形开孔，开孔以桥梁中线对称布置，间距1.8m。中墩下承台尺寸30m×11m，承台厚3m，下设3排钻孔灌注桩，每排7根，桩径1.5m，桩长40m。边墩采用桩接盖梁结构，盖梁平面尺寸为32.56m×2.1m，盖梁厚度1.4m，盖梁在桥梁中线处断开，设置4cm变形缝。盖梁下设6根钻孔灌注桩，桩径1.2m，桩长20m。

三、特　　点

1．跨中转联器设计。本工程桥梁设计中提出斜拉索"跨中转联器"的概念，将"跨中转联器"定义为在斜拉桥两桥塔之间，联结对称于主梁跨中的相邻两根斜拉索的转向设施。通过跨中转联器使得两根斜拉索合成通长索，类似于自锚式悬索桥的原理，从而解决了部分斜拉桥跨中无索区无轴向力的问题，同时简化了施工工艺，节省了一对斜拉索锚具。应用"跨中转联器"把主塔之间最外侧的拉索在中跨跨中连续布设，在结构受力、构造布置及施工等方面均取得了很好的效果。

2．通长索受力性能的计算验证。分别对采用分离拉索和通长拉索的模型进行计算来验证通长索在结构受力方面的优越性，计算工况为塔柱最外侧拉索作用6000kN索力。通长拉索不但弥补了无索区主梁不能享受拉索轴向力的缺陷，并且可以更好地发挥拉索竖向力的作用，使得主梁跨中相对薄弱的主梁下缘储备了较大的压应力。◆

主梁跨中截面应力结果比较

布索方式	截面轴力（kN）	截面弯矩（kN·m）	上缘应力（MPa）	下缘应力（MPa）
分离拉索	0	−17893	−3.97	5.30
通长拉索	5745	−20082	−3.85	6.55

四川甘孜州海螺沟青杠坪大桥

- 桥名：四川甘孜州海螺沟青杠坪大桥
- 桥型：钢筋混凝土箱形板拱桥
- 跨径：主跨130m
- 桥址：四川省泸定县
- 建设单位：海螺沟景区资产经营管理有限公司
- 设计单位：四川省交通运输厅公路规划勘察设计研究院
- 施工单位：重庆桥梁工程总公司
- 监理单位：四川合石工程咨询监理有限公司
- 经营管理单位：海螺沟景区资产经营管理有限公司
- 混凝土用量：8680m³
- 钢材用量：1050t
- 工程总造价：0.3亿元
- 工期：2007年1月至2009年5月

一、概　况

四川省甘孜海螺沟青杠坪大桥是泸定县磨西镇至海螺沟旅游专线上跨越燕子河的一座桥梁，桥位距景区大门约200m，距离磨西镇约1km。

区内地貌主要为河谷地形，一般山高1800～2100m，河谷地带为1550～1650m。河床最低高程1550.14m，相对高差约100m。山脊走向大体为近南北向，与区域构造方向大体一致，呈近南北向展布。

燕子河是一条河流型泥石流沟，目前处于爆发期，近年来几乎是一年发生一次。发源于贡嘎山脉的燕子河，其上游两岸山体裸露，岩体风化剥蚀强烈，松散固体物质丰富，为泥石流的发展提供了物质基础。对于跨越泥石流沟（河）的桥梁，应采用一跨跨越，并留足桥下净空。1988年曾经在本桥位上游约320m处修建一座40m跨径的拱桥，通车仅3个月，1989年由燕子河的泥石流将其冲毁，后林业部门架设便于更换的临时桥梁通行。2003年3月由某设计单位设计一跨40m简支T梁跨越燕子河，所选桥位紧邻磨子沟和燕子河交汇处，受泥石流影响大，2003年在施工桥台时泥石流将基坑和河堤挡墙冲毁。2006年4月，设计人员与专家和业主一同对现场进行踏勘，从两岸接线、泥石流影响、工程地质情况等方面综合考虑，在老桥位下游约360m处选择了新桥位。由于该桥位处在泥石流堆积区的尾部，且两岸均有岩石裸露，可以避免泥石流对岸坡进一步地冲刷，并且拟建大桥起拱线高程比洪水水位高约20m，因此桥梁不会受到泥石流的直接影响。

燕子河两岸山陡河窄，河水径流作用较强。燕子河床为区内侵蚀基准面，侵蚀基准面高程1554m左右。桥位区河段弯曲，河床宽91m。其左岸坡脚有基岩出露，其上为第四系上更新统冰水沉积物堆积区；右岸自坡脚处至坡上均有基岩出露，坡上灌木类植被较为发育。

工作区属高原河谷山地季风气候，据当地资料显示，区内多年平均温度8.7℃，1月平均气温0.6℃，7月平均气温27.3℃，极端最高气温（1953年6月23日）为31℃，极端最低气温（1962年1月17日）为-8.4℃。多年平均降水量为894.4mm，最大降水量（1965年）为1178.5mm，最小降水量（1961年）为578.1mm。平均汛期降水量为879.1mm，占全年降水量的89.8%。降雨主要集中在每年的4月下旬至10月上旬，据资料显示，当地标准冻深0.7～0.8m，最大冻深≤1.0m。

桥区年最大风速17.0m/s，风向NW。

二、结　　构

青杠坪大桥主桥为净跨130m的钢筋混凝土箱形板拱桥，两岸引桥分别为2×16m和1×16m的现浇简支空心板。主桥的主拱圈为等截面悬链线无铰拱，正拱正置，净跨径为130m，净矢跨比为1/5，拱轴系数为1.6，拱圈顶面宽8m，底面宽7.96m，拱箱截面高2.2m。拱圈由5片拱箱组成，每片拱箱分5段预制，采用缆索吊装工艺施工，每段吊装重量约70t。主桥在主拱圈之间的纵向和横向连接部位采取恰当的构造措施提高整体性，并确保钢筋纵向传力的可靠性。

三、特　　点

本项目的特点是对传统箱形板拱桥在细节方面作了一定优化，主要包括：

1. 主拱圈在拱上立柱、横墙对应的地方，底板采用钢板横向连接，提高其整体受力性能。

2. 中接头底板底层钢筋与连接角钢双面焊接，安装后两节段的角钢之间采用钢板焊接，改善箱板拱中接头底板无钢筋连接的缺陷。

3. 端接头拱箱底板的底层主钢筋与拱座预埋钢筋直接焊接；上层主钢筋焊接在拼接角钢内侧，拱座预埋主钢筋从预埋钢板孔洞中穿出与拼接角钢外侧焊接，既保证了拱脚传力的可靠性，又方便施工。

4. 高烈度地震区的拱桥，当拱座基础处覆盖层较厚或中风化（弱风化基岩）埋深较大时，合理的基础形式是"拱座+桩基"的组合形式。拱座作为传力的节点，传递拱轴力、剪力和弯矩。桩基建议采用"斜桩+竖桩"，斜桩与水平面的夹角与起拱线的夹角一致。

5. 高烈度地震区的拱桥，其拱上结构多采用简支的桥面板或梁，防止落梁是抗震措施的关键，应考虑纵向、横向、竖向三个方向的震动。

本项目按地震烈度Ⅸ度设防，除了考虑结构自身的抗震性能外，还设置了较多抗震措施，主要有：

（1）对主桥上部结构π型梁，在竖向采用拉杆与盖梁连接，在横桥向采用角钢和防震挡块进行限位，在顺桥向除了采用角钢限位外，还采用拉杆和橡胶块进行防撞处理。

（2）对空心板，除了采用防震挡块限位外，在竖向采用拉杆与盖梁连接。

6. 缆索吊装系统中采用钢绞线作为扣索，为拱圈吊装阶段的线形调整提供了方便，安全性有保障，并且合龙精度较高。◆

四川汉源大树大渡河大桥

桥名：四川汉源大树大渡河大桥
桥型：预应力混凝土连续刚构梁桥
跨径：（133+255+133）m
桥址：四川省汉源县
建设单位：瀑布沟库区公路复建工程建设指挥部
设计单位：四川省交通运输厅公路规划勘察设计研究院
施工单位：四川省公路桥梁建设集团有限公司
经营管理单位：四川省雅安市公路管理局
混凝土用量：38263m³
预应力钢材用量：964t
普通钢材用量：5755t
工程总造价：1.1亿元
工期：2006年10月至2009年6月

一、概　　况

汉源大树大渡河大桥全长708.4m，总投资约1.1亿元。大桥主桥设计为三跨预应力混凝土连续刚构。桩深80m，墩高100m。跨径组合为1×43m（预应力简支T梁）+（133+255+133）m（连续刚构）+3×43m（预应力简支T梁），主桥长521m，引桥长为172m。

路面等级为三级公路，设计速度30km/h；设计荷载为公路-Ⅱ级，人群荷载2.5kN/m²；桥面宽度2×3.5m（行车道）+2×1.5m（人行道）+2×0.25m（栏杆），全宽10.5m；通航等级Ⅴ级（双向航宽×高：70m×8m）；设计水位850.5m；地震烈度Ⅶ度。

该桥位于四川盆地西南缘大相岭构造剥蚀中高山区之大渡河河谷地带，横跨大渡河，微地貌为高阶地与斜坡地带，山脉多呈南北向展布。勘察期间河水面宽度约87m。桥位区大渡河右岸（南岸）为顺向坡，属堆积岸，地形呈斜坡小坎状，总体坡度为18°～25°，坎高3～5m；大渡河左岸（北岸）为逆向坡，属侵蚀岸，地形陡峻，呈陡坡悬崖状，平均坡度40°～60°。大渡河河床最低海拔高程约730m，最高海拔高程965.29m，相对高差235.29m。

桥址区属于亚热带湿润季风气候，气候随高程的不同差异明显。多年平均气温17.9℃，极端最高气温40.3℃，极端最低气温-3.3℃。平均年蒸发量1481.5mm，多年平均相对湿度67.1%。定时大风速15.3m/s。多年平均降水量730.8mm，年降水日数143d。

该桥位于瀑布沟水电站库区，属大渡河中游段。地表水主要为大渡河、白岩河、娃娃沟、东沟、西沟内的河水，直接接受大气降水补给，流量与降水量关系密切。大渡河是岷江的最大支流也是区内最大的河流，发源于青海省境内的果洛山东南麓，分东西两源，东源为足木足河，西源为绰斯甲河，以东源为主流，两源于双江口汇合始称大渡河。干流自北向南流，经金川、丹巴、泸定至石棉折向东流，经汉源、峨边、沙湾，在草鞋渡纳入青衣江后，于乐山市注入岷江。河道全长1062km，流域面积77400km²。

根据地面地质调查及钻孔揭露，桥位区地层呈三大类，即：第一大类为第四系全新统松散堆积填筑土、种植土层（Q_4^{ml}）、滑坡堆积层（Q_4^{edl}）、崩坡积层（Q_4^{dl+c}）、冲洪积层（Q_4^{al+pl}）；第二大类为第四系中上更新统冲积层（Q_{2-3}^{al}）、冰碛层（Q_{2-3}^{gl}）及冰水堆积层（Q_{2-3}^{fgl}）；第三大类为基岩，第三系昔格达组（NQx）、二叠系下统阳新组（P_1y）、二叠系下统梁山组（P_1l）、奥陶系中下统巧家组（$O_{1-2}q$）。

区域性大断裂活动性弱，邻近桥位的寨子山—桂贤逆冲断层及营火堡逆冲断层，无活动迹象，区域构造稳定，适宜建桥及公路建设。桥位区位于扬子准地台（Ⅰ级）西缘，分跨康滇地轴（Ⅱ级）和上扬子台坳（Ⅱ级）的峨眉山断拱（Ⅲ级）与荥经断凹（Ⅳ级）的南西部，属相对稳定区。

二、结　　构

1. 主桥

（1）上部构造。主桥为133m+255m+133m连续刚构，预应力混凝土结构，主梁采用单箱单室截面。箱顶板宽10.5m，底板宽6.5m。箱梁跨中及边跨现浇段梁高4.0m，箱梁根部断面高为16.0m。从中跨跨中至箱梁根部，箱高以半立方抛物线变化。箱梁腹板在墩顶范围内厚100cm，从箱梁根部至跨中梁段腹板厚由75cm、65cm、55cm组成。箱梁顶板除0号块段厚50cm外，其余厚28cm。箱梁底板除0号段厚150cm，其余箱梁底板厚从箱梁根部截面的150cm厚以2次抛物线变至跨中截面38cm厚。

箱梁0号段长15m，每个"T"构纵桥向划分为30个梁段，梁段数及梁段长度从根部至跨中分别为11×3.0m、9×4.0m、10×5.0m，累计悬臂总长126.5m。悬臂浇注梁段最大控制重量277.6t，挂篮设计自重以140t控制。全桥共有3个合龙段，分别是两个边跨合龙段和一个中跨合龙段，合龙段长度均为2m，边跨现浇段长4.5m。

（2）下部构造。主墩采用钢筋混凝空心墩，横桥向8.5m，顺桥向11m。横桥向和顺桥向壁厚1.0m。墩内竖向每隔20m设一道0.5m厚的横隔板。主墩承台厚6m，平面尺寸24.0m×17.5m。主墩基础为12根直径2.5m的钻孔灌注桩。

3号交界墩采用双柱薄壁空心墩，空心墩顺桥向顶宽3.9m，横桥向顶宽2.0m，空心墩薄壁厚度为40cm。基础采用挖孔方桩。

2.引桥

引桥为43m预应力混凝土简支T梁。43m预应力混凝土简支T梁每孔由5片T梁组成。T梁梁高2.5m，梁肋中距2.1m，桥面连续。

下部构造为双柱薄壁空心墩。空心墩横桥向宽2.0m，纵桥向墩顶宽2.0m，纵桥向按80：1的比例向下变宽，空心墩薄壁厚度为40cm。基础采用挖孔方桩。

3.桥面系、支座及伸缩缝

桥面铺装采用平均厚度为11cm厚的钢纤维水泥混凝土（钢纤维含量为80kg/m³）；桥梁防水方法采用"无机渗透结晶法"，材料的防水性能三项指标即渗透压力（28d）、渗透压力比（28d）、第二次抗渗压力（56d）满足《水泥基渗透结晶型防水材料》（GB 18445—2001）标准规定中Ⅰ类物质的要求。在人行道系、铺装层钢筋及混凝土施工前必须先在主梁表面喷洒SJT3000防水剂，做好防水层处治，然后才能施工铺装层及人行道系。桥面上设有人行道系和人行道栏杆。

主桥两端各设一道320mm伸缩缝，两岸桥台各设一道80mm伸缩缝。交界墩墩处设置单向盆式支座和双向盆式支座，引桥为板式橡胶支座或滑板支座（伸缩缝处）。

4.主要材料

主桥箱梁采用C65混凝土，T梁采用C50混凝土，主墩、交界墩墩身、交界墩盖梁、引桥盖梁、引桥桥墩采用C40混凝土，预制人行道板、栏杆采用C25混凝土，其余采用C30混凝土。

主桥箱梁纵向预应力钢束采用$\Phi^s15.24$钢绞线，$f_{pk}=1860$MPa，张拉控制应力为1395MPa。顶板纵向预应力钢束均为两端对称张拉，分三类。一是悬臂浇筑时逐段张拉的钢束，采用M15-19(23)大吨位锚固体系，锚固在腹板齿板和腹板与顶板交界处。二是中跨合龙束，采用M15-23大吨位锚固体系，锚固在上齿板。三是边跨合龙束，采用M15-23大吨位锚固体系，锚固在上齿板和梁端；中跨底板束采用M15-15大吨位锚固体系，锚固在下齿板上；边跨底板束采用M15-15大吨位锚固体系，锚固在下齿板和梁端。

主桥箱梁竖向预应力钢束采用$\Phi^s15.24$钢绞线，$f_{pk}=1860$MPa，张拉控制应力为1302MPa。锚具采用M15-3DHS型锚具。MDHS型锚具为低回缩型锚具。

全桥普通钢筋根据使用的不同部位，分别采用R235、HRB335、HRB400钢筋。

纵向预应力体系采用真空压浆施工工艺，并采用相配套的塑料波纹管。竖、横向预应力采用镀锌波纹管。

三、特　点

1.主跨255m连续刚构桥，为四川省已建成同类桥型最大跨径。

2.竖向预应力束采用高强钢绞线和低回缩型锚具，使预应力施加控制更为准确，并降低预应力损失。◆

四川乐山—宜宾高速公路五通桥岷江大桥

桥名：四川乐山—宜宾高速公路五通桥岷江大桥
桥型：三跨连续箱梁
跨径：（95+170+95）m
桥址：四川乐山市五通桥区
建设单位：山东高速集团四川乐宜公路有限公司
设计单位：四川省交通运输厅公路规划勘察设计研究院
施工单位：山东省路桥集团有限公司
经营管理单位：山东高速集团四川乐宜公路有限公司
混凝土用量：23016m³
钢材用量：3634t
工程总造价：约1亿元
工期：2006年12月至2009年6月

一、概 况

乐山—宜宾高速公路五通桥岷江大桥为五通连接线上的一座特大桥。主桥上部为三跨连续箱梁。全桥孔跨布置为：5×30m（简支T梁）+（95+170+95）m（连续梁桥）+16×30m（简支T梁），全长1006m。

该桥位于四川乐山市五通桥区境内。东连竹根镇易坝村，距该村东面约1.5km为岷江支流涌斯江及乐（山）至五（通）公路，村西（拟建桥处）为现岷江主河道。

1. 主要技术标准

(1) 桥面净宽：净-9.0m(行车道)+2×1.75m(人行道,含栏杆),全宽12.5m。

(2) 设计车速：60km/h。

(3) 设计荷载：公路-II级（按I级设计），人群荷载$3.0kN/m^2$。

(4) 设计水位：351.99m（频率 1/100）。

(5) 最高通航水位：349.95m（频率1/20）。

(6) 通航等级：III-(3) 级。

(7) 桥区抗震设防烈度：VII度。

(8) 设计安全等级：一级。

(9) 环境类别：II类。

(10) 环境的年平均相对湿度：80%。

2. 主要经济指标

(1) 混凝土用量：$23016m^3$。

(2) 钢材用量：3634t。

(3) 总造价：9988万元。

(4) 建设周期：2006.12~2009.6，合计30个月。

3. 自然条件

岷江是长江上游的一级支流，发源于四川省松潘县境内，其干流自北向南流经松潘、茂县、汶川、青神、乐山、五通桥、犍为等县市，在宜宾汇入长江，全长711km，流域面积$13584km^2$。通常把都江堰鱼嘴以上河段称为上游，鱼嘴至乐山大佛河段称为中游，乐山大佛以下河段称为下游。

五通互通式连接线位于岷江下游河段。岷江干流下游大渡河、青衣江在乐山肖公嘴汇入后，三江水量猛增，江面宽阔，从马鞍山至五通桥红岩子，沿江河心洲坝甚多，河道支岔纷繁。在红岩子处，岷江分为两支，内为涌斯江，外为岷江。两江之间已形成黄家坝、张坝、江坝、竹根坝、小坝等互相连接为一长约15km、平均宽度1km长条形江中坝。拟建工程是江中坝与五通桥西坝间跨越岷江的大桥和连接线。

岷江流域洪水主要由暴雨形成，洪水发生时间与暴雨相应。岷江流域暴雨多出现在各年5～9月，大暴雨出现时间，中下游多在7～8月。连接线段大洪水以彭山以上来水和青衣江洪水为主。一次洪水历时一般6～16d，峰顶历时3～4h。

根据五通岷江大桥桥位下游约9km处的五通水站多年观测资料推算桥位设计洪水成果如下：

(1) 设计流量：$Q_1 = 40200 m^3/s$。
(2) 设计水位：$H_1 = 351.99 m$。
(3) 通航水位：$H_5 = 349.95 m$。

二、结　构

据地面地质调查及钻孔揭露，桥位区地层为第四系全新统坡洪积层、冲洪积层及侏罗系中统沙溪庙组砂岩及粉砂质泥岩。大地构造位于扬子准地台四川台坳川中台拱威远—龙女寺台穹的北西翼，在桥位区表现为倾向北西的平缓单斜构造，出露地层为侏罗系中统沙溪庙组（J2s）砂岩及粉砂质泥岩互层，地层倾向北西，倾角4°～7°，优势产状316°∠5°；裂隙发育有2组，L1：116°∠57°～75°，间距1～2m，微张，无或少量泥质充填；L2：35°∠85°，间距2～3m，微张，无充填。覆盖层为第四系全新统松散堆积层，厚度小于20m；拟建桥区地层层序正常，无断裂构造通过，未发现隐伏断裂构造。场地位于乐山市五通桥区，据《中国地震动参数区划图》（2001）及《建筑抗震设计规范》（GB 50001-2001）附录A，拟建桥区抗震设防烈度为Ⅶ度，设计地震基本加速度值及地震动峰值加速度值为0.10g，地震动反应谱特征周期0.40s，设计地震分组为第一组，对应的地震基本烈度为Ⅶ度。

桥位区所跨河流为岷江河，河道顺直。西坝岸为自然土质边坡（局部段为岩质边坡），目前自稳，但在长期河流侧蚀作用下欠稳定。

引道及支线区属浅丘，地面调查区内基岩普遍出露，岩体较完整，无滑坡、崩塌等不良地质现象；沟内土体中无软土及液化土存在。

三、特　点

1. 大跨度的主跨170m连续梁桥。
2. 主梁根部0号块件采用斜隔板，使传力更为直接。
3. 竖向预应力束采用高强钢绞线和低回缩量锚具，使预应力施加控制更为准确，并降低预应力损失。
4. 因主桥处于单向纵坡内，主梁设置了纵横向限位装置，使两岸伸缩缝变位更均匀。
5. 临时固结混凝土块采用专业机械切割，施工更快捷、外观效果更好。
6. 依托该工程开展的"特大跨连续梁桥设计施工关键技术研究"，获2008年度四川省科学技术三等奖。◆

上海长江大桥

桥名：上海长江大桥
桥型：主航道桥为双塔双索面分离式钢箱梁斜拉桥
跨径：（92+258+730+258+92）m
桥址：上海长兴岛至崇明岛之间
建设单位：上海长江隧桥建设发展有限公司
设计单位：上海市政工程设计研究总院
施工单位：上海市第一市政工程有限公司
　　　　　中铁二十四局集团有限公司
　　　　　中交集团第一航务工程局有限公司
　　　　　中铁大桥局集团有限公司
　　　　　中铁工程总公司
　　　　　中交集团第二航务工程局有限公司与上
　　　　　海城建集团公司联合体
　　　　　上海市基础工程公司
　　　　　路桥集团国际建设股份有限公司
　　　　　中铁四局集团有限公司
经营管理单位：上海长江隧桥建设发展有限公司
混凝土用量：790000m³
钢材用量：230000t
工程总造价：63.16亿元
工期：2005年9月至2009年10月

一、概　　况

上海长江大桥起于隧道长兴岛登陆点,沿地面横穿长兴岛,由长兴岛东北部跨越长江口北港水域至崇明岛陈家镇,与崇启通道工程相接。上海长江大桥工程是上海到崇明越江通道南隧北桥的重要组成部分之一。上海长江大桥按双向6车道高速公路标准并预留双线轨道交通空间,设计荷载为公路I级+轨道交通,设计车速100km/h,设计基准期100年。2005年9月开工建设,至2009年10月建成试运营,共计浇注混凝土约790000m³,钢材用量约230000t,其中高强度钢材约120000t,总造价63.16亿元人民币。

上海长江大桥位于长江入海口,长兴岛至崇明岛之间。桥址场区陆域和近岸处为河口、砂嘴、砂岛以及沙滩地貌,水域为河床、江心暗砂地貌,实测最高潮位5.99m,最低潮位-0.43m,年降雨较多,气温变化大,自然条件类似于外海环境。大地构造分区位于扬子准地台的次级构造单元扬子台褶带,为新生代大型坳陷区。自晚第三纪以来,持续缓慢沉积,堆积了约300m厚的松散地层。自前晋宁期以来,近场区内曾经过多次构造变动,形成一系列规模不等、性质不同、不同时期的断裂构造,区域地质构造稳定,无全新活动断裂存在。

二、结　　构

上海长江大桥是国家沪陕高速公路G40起始段(上海长江隧桥)工程中跨越长江口北港的桥梁,全长16.5km,其中跨江桥梁长9966m,跨径组合为:(6×21+15×30)m+(15×50)m+(23×70)m+(85+5×105+90)m+(92+258+730+258+92)m+(90+5×105+85)m+(9×70)m+(32×60)m+(80+2×140+80m+(14×50)m+(17×30)m=9966m。由主航道桥92+258+730+258+92=1430m双塔双索面分离式钢箱梁斜拉桥,净空585m×52.7m,两边跨均为辅通航孔,净空

146m×36m)、辅航道桥(80+2×140+80=440m预应力混凝土变截面连续梁桥,净空102m×25m),以及非通航孔桥(105m、70m、60m、50m、30m多种跨度组合的连续梁桥)组成。

三、特　　点

上海长江大桥所处的地理环境决定了工程的特点和难点。一是长江口复杂的水文条件。由于长江上游环境变化以及长江口综合开发利用,外加海洋环境气候的影响,使得长江口的水文条件变得十分复杂。二是漫滩、深水、江中沙洲等复杂的地形。大桥设计中考虑了漫滩、深水、江中沙洲等复杂地形的影响,使得工程的结构形式多样化,桥梁结构形式和施工方案的多样化给工程建设带来很大困难。三是公轨共面的影响。为了满足轨道交通的运行要求,在工程建设上必须严格控制基础沉降、梁部结构变形、梁端转角以及考虑无缝线路对基础产生的附加力等,现行的设计规范在这方面还是空白,给设计工作提出了更高的要求。四是施工安全风险大。70m、105m箱梁的整体制造在桥位以外90海里的浙江嵊泗县的沈家湾岛上进行,重达2374t的巨型箱梁在海上长距离运输、105m钢—混凝土组合结构连续梁墩顶合龙技术、超宽分离式钢箱梁的制造、运输、吊装及1400t钢套箱长距离浮运整体吊装技术等均首次应用,给工程建设带来风险。

针对本工程的特点、难点,上海长江大桥工程在建设过程中,结合上海市科委登山计划进行了数十项课题研究及专项技术攻关,取得以下创新性成果:

1.公轨共面桥梁设计理论

(1)研究了桥梁的结构合理刚度,基于行车安全与经济性,提出了公轨合建桥梁设计技术标准、关键技术参数与系统的设计方法。

(2)研究了箱梁悬臂板布置轻轨时,局部振动对列车走行性的影

响，探明了振动机理，为公轨合建桥梁提供更多选择及理论依据。

（3）提出了基于模态分析法的车辆计算模型，突破传统刚体假定，可更实际地考虑车体柔性、更准确建立车体模型。提出了一种车辆—桥梁/轨道系统耦合振动分析的高性能数值方法，实现了公轨车辆共同作用的车桥动力响应分析。

（4）研究了强风作用下车—桥—风相互作用机理，系统分析了列车走行性和风速、车速、车体特征以及桥梁刚度等之间的相互影响关系，明确了影响列车行车安全的关键因素及允许风速。

2.大跨度连续钢—混凝土组合箱梁桥设计与施工技术

（1）系统研究了大跨度连续组合箱梁桥力学性能，综合考虑总体受力与局部受力的关系，改进和完善了考虑空间效应和焊钉滑移影响的精细分析方法。

（2）针对不同连接件设置方式开展了结合部焊钉拉拔力作用的机理分析，提出减小或抑制拉拔力的合理措施，为确保组合箱梁桥的安全性与耐久性提供了理论基础。

（3）研究了整孔预制吊装组合箱梁力学性能和合理构造，提出了整孔预制吊装设计技术与工艺方法。

（4）开展了组合箱梁桥设计施工优化方法与优化技术研究，提出了利用组合箱梁桥钢梁反弯法调节结构受力分配，以发挥混凝土抗压优势、降低钢材用量，为提高组合梁桥经济竞争力提供了理论与技术支持。

（5）实现了组合结构桥梁经济指标优于同等跨度的预应力混凝土连续梁，为研究成果的推广应用以及组合结构桥梁在我国的发展起到积极的推动作用。

3.大跨度全漂浮斜拉桥的设计与施工技术

（1）采用分体钢箱梁可解决超大跨斜拉桥的抗风问题，通过对结构体系、合理构造及可施工性的系列研究，形成了分体钢箱梁设计方法。研究了钢箱梁总体与局部疲劳性能，提出了基于疲劳寿命性能目标的分析与设计方法。

（2）系统开展了新型分体式钢箱梁制造、安装技术研究，解决了超宽复杂结构钢箱梁制造安装精度以及安装控制方法等技术难题。

（3）国内应用的分体式钢箱梁，实现了零号块梁段无下横梁的锚固，同时研发了自平衡加载锚固方法和装置，解决了竖向锚固大变形的技术难题。

（4）研发了适用于大直径超长拉索张拉的行星千斤顶和防扭转系统装置，解决了塔柱内小空间下斜拉索牵引、张拉和斜拉索张拉扭转的技术难题。

4.预制墩身接高设计与施工技术

通过数值分析和模型试验，研究了结构以及接缝截面受力性能及现浇接缝混凝土开裂影响因素与控制方法，为工程应用提供了理论支撑。从构件预制、运输、安装、湿接头浇筑及养护等桥梁墩柱预制拼装建造技术，有效解决了墩柱节段之间及墩柱节段与承台之间永久连接构造的可靠性，下部结构预制拼装有利于工厂化生产，有利于施工技术水平和质量的提高。

5.国产环氧沥青在大跨度斜拉桥钢桥面上的应用

将具有我国自主知识产权的国产环氧沥青材料应用于超大型公路钢桥面铺装，为推动我国桥梁建设自主创新产生积极作用。

6.防灾减灾与养护技术

针对淡咸水交替环境及结构状况，从材料、结构、外部防护等方面，系统开展结构耐久性设计；从结构相关构造与检查维修设备配置角度协调优化，全面提升桥梁的可检查性、可养护性；为提升大桥的全寿命经济性打下坚实基础。

针对桥梁基础冲刷与防船撞、结构抗风与抗震以及桥梁健康监测等方面开展系统研究与对策设计，全面提升大桥的防灾减灾能力。◆

天津海河赤峰桥

桥名：天津海河赤峰桥
桥型：独斜塔双索面弯斜拉桥
跨径：（134+50+41）m
桥址：天津市和平区
建设单位：天津市天政基础设施建设有限公司
设计单位：天津城建设计院有限公司
施工单位：天津第三市政公路工程有限公司
经营管理单位：天津道路桥梁管理处
混凝土用量：39000m³
钢材用量：13000t
工程总造价：约2.1亿元
工期：2006年5月1日至2008年8月1日

一、概　况

海河赤峰桥工程与天津站交通枢纽工程的前广场和李公楼立交相连接，处于天津市的中心位置海河上游中心段的黄金拐点，是海河综合开发规划范围内中央商务区与中央消费娱乐区的交汇处，西连和平区的赤峰道、海河西路，东接河东区的李公楼立交、华昌道，是和平、河东两区间的一条跨河通道，也是从中心商业区、商务区通往天津市东南部地区及滨海国际机场的重要道路。

桥位场地位于天津市和平区赤峰道、河东区合江路，现状场地地面高程为2.3～4.91m。场地地貌单元属海积平原，后经人工改造填垫至现地坪。

在钻探所达深度范围内，场地地层属第四系全新统和上更新统沉积。本场地水以潜水为主，勘察期间静止水位高程在1.2m左右。以大气降水方式补给，以蒸发及海河渗流方式排泄为主。本场地埋深20m深度范围内无粉土层分布。另据宏观调查，1976年唐山地震时，本场地无喷水冒砂现象。综合上述判定，本场地勘查深度范围内，Ⅶ烈度下无液化土层存在，为非液化场地。海河规划为Ⅵ级航道。

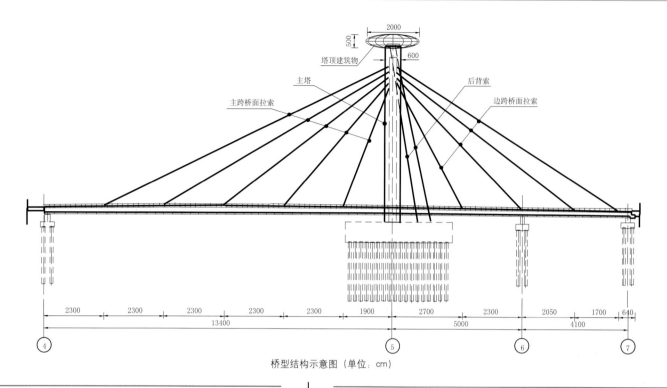

桥型结构示意图（单位：cm）

二、结构

赤峰桥全桥由一座主线桥、一座引桥及三座匝道桥组成，设计汽车荷载等级为城-A级。主线桥由一座独斜塔双索面弯斜拉桥主桥及13跨钢筋混凝土箱梁引桥组成，其中4~7号墩为主桥，主桥总长225m，主跨为134m，跨越海河；边跨(50+41)m，跨越海河东路。主桥桥面车行道布置为双向6车道，两侧设有非机动车及人行道，桥面全宽39.5m，主桥总面积约为9318m²。桥塔采用混凝土桥塔，高64.9m，桥塔中线与地面夹角63°；赤峰桥主跨设置5道10根拉索，边跨设置4道8根拉索，后背索为4根拉索，共计22根拉索；主梁为正交异性钢箱梁，梁高2m。

主线0~4号墩、7~16号墩为钢筋混凝土现浇连续箱梁，桥跨布置为4×20m+23.5m+5×24m+20m+20.17m+20m，桥梁宽度为17.75m，桥梁面积为6948.7m²。

A匝道桥、D匝道桥皆为4×20m钢筋混凝土现浇连续箱梁，桥梁总长为81.78m，桥梁宽度为8m，桥梁总面积为1293.1m²；C匝道桥为5×20m钢筋混凝土现浇连续箱梁，桥梁总长为101.88m，桥梁宽度为8m，桥梁面积为807.8m²。

三、特点

赤峰桥的工程特点及创新成果主要表现三个方面：桥梁建筑艺术性、桥梁结构形式和桥梁施工工艺。

原赤峰桥河东路口与原李公楼桥路口水平相距约70m，两桥梁中心线夹角约50°。新建赤峰桥的方案设计应因地制宜，充分考虑与新建李公楼立交在空中实现对接，成为天津站前后广场疏散车辆的重要空中通道，同时跨越海河东路和海河西路。因而，新建赤峰桥跨海河段主桥适宜设计成弯桥。

本着"技术先进、经济合理、安全适用、确保质量"的原则，主桥除满足通航功能外，因赤峰桥位于海河转弯处，考虑尽量减小对河流的影响。通过分析海河两岸地形及路网特点，结合赤峰桥预测交通量、功能特性等，研究确定主桥适宜选择弯河弯桥斜塔的"海河之舟"方案。

根据桥梁跨径及弯梁的总体布置，斜塔宜选择单主塔并布置于弯梁的内弧一侧，结合该河段海河的规划，主塔基础布置于海河堤岸线以内。考虑主塔的后背索存在比较大的索力，结合景观环境和"海河之舟"的方案设想，设置塔底船形建筑物对后背索地锚进行压重，既可减少地锚本身的结构重量，又别具一格，技术独特，在船形建筑物中融餐饮、娱乐、休闲和观光为一体，使桥梁与周边建筑物风格有机结合，既体现解放北路风貌区的历史文脉，又突出时代特点。

因桥梁处于天津市的中心位置海河上游中心段的黄金拐

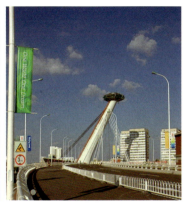

点,居高观光功能十分必要,基于此,该桥的方案构思进行大胆的尝试,在单桥侧独斜塔顶部布置外径20m、高5m的椭球形钢结构外包玻璃幕墙的观光构筑物,将观光功能和建筑美学融合于结构的整体性之中,既能体现此桥的独特性能,反映现代科学技术成就,又能体现斜拉桥本身具有的雄伟、壮观、刚劲、挺拔、朴实的建筑美。为连接船形建筑物顶层观光层与塔顶观光构筑物,沿着主塔的背面布置有一台限载6人的斜行电梯。

结合整体建筑的美学要求,该桥拉索适宜布置为稀索体系,主跨布置有5对桥面拉索,拉索索间距为23m,为尽量平衡主跨的水平力,边跨布置有4对桥面拉索,主塔后面布置有4根后背索。该桥斜塔、弯梁和拉索形成一个轻巧稳定的空间结构。通过与周围环境充分结合体现"海河之舟"的景观效果,塑造为天津市空中的环境艺术作品,使之成为天津市重要交通工程、观赏景点及面向未来的象征。

赤峰桥为单侧单斜塔双索面斜拉弯梁的桥梁结构,它既具有斜拉桥的特性,又有弯桥的特性;同时倾斜的主塔和软土地基上的基础设计,都使得本工程极具挑战性。赤峰桥桥塔为倾斜桥塔,在桥面拉索的作用下为一双向偏心受力构件,赤峰桥倾斜桥塔的设计和施工都是本工程的一个创新点。

赤峰桥桥塔位于主梁侧面,拉索对主梁产生了很大的横桥向水平力,主塔根部的墩与主塔同基础,减少桩基的水平力,是本工程设计的特点。主塔后背索拉着倾斜的主塔,后背索基础和主塔基础都会产生很大的水平力,后背索基础和主塔基础相互顶推,减少桩基的水平力。

赤峰桥主塔基础不但传递桥塔的轴力,而且还传递桥塔巨大的弯矩和水平力,软土地基上主塔基础的设计也是本工程的一个重点。

赤峰桥为斜塔斜拉弯桥,拉索索力的调整不仅关系到主梁的受力性能及其线形,而且还关系到桥塔的受力和桥下抗侧力墩的受力,拉索索力的调整是本工程的重点和难点。钢结构桥面系为正交异性面弯变宽结构,本钢桥内部隔构复杂,板厚变化频繁,梁段运输、现场安装条件等也有不少的创新点:主桥面分段方案的研究、面弯斜拉桥加工制作工艺、三维斜向钢锚箱的制作、面弯斜拉桥现场安装工艺研究、施工精确测量技术。

斜拉桥的发展为桥梁的建筑美学提供了广阔的空间,而单桥侧独塔斜拉弯桥更是将桥梁美学与地理环境完美结合提升到一个新的层次。天津赤峰桥的设计进一步体现了设计人的人文理念,充分将桥梁建筑与周围环境进行融合,进而将桥梁建筑的美观效果充分体现出来,使桥梁整体融入自然,成为海河以至天津市的标志性景观之一。赤峰桥获得2009年度天津市建设工程"金奖海河杯"奖。◆

天津海河富民桥

桥名：天津海河富民桥
桥型：单塔空间索面自锚式悬索桥
跨径：（157+86.4）m
桥址：天津市中心城区
建设单位：天津市海河建设发展投资有限公司
代建单位：天津天城工程项目管理有限公司
设计单位：天津城建设计院有限公司
施工单位：天津城建集团有限公司
监理单位：天津市路驰建设工程监理有限公司
监控单位：铁道科学研究院
混凝土用量：21348m³
钢材用量：4244.69t
工程总造价：1.807亿元
工期：2005年12月31日至2008年6月30日

一、概 况

富民桥工程位于天津市中心城区，海河两岸综合开发规划智慧城范围内。北起河东区的富民路，南接河西区的洞庭路。工程范围北起兰清道，经富民路，跨过民安路、海河、台儿庄南路，下穿大沽南路，止于洞庭路。

富民桥的设计采用了"船形"的结构造型的独塔自锚式空间缆索悬索桥——"沽水船影"，桥梁的规划设计过程中充分考虑了其周边环境以及天津海河两岸开发建设的需要，采用机动车、非机动车与行人处于不同空间的形式。

二、结 构

富民桥主桥为单塔空间索面自锚式悬索桥，主跨157m，辅跨86.4m，桥面宽度为38.6m，为双向8车道。桥塔为独柱，塔高54m，上部装饰4m。全桥使用2道主缆，垂跨比1:6，其中主跨主缆采用三维空间线形，在立面及平面皆为抛物线，吊索14组；边跨主缆采用一组（两根并排）缆索不加竖向吊索形式。主跨主缆锚于主梁的两侧，边跨主缆锚于地锚，形成一个稳定的结构体系。

道路等级为城市主干道Ⅱ级。汽车荷载城-A级；人群荷载：整体分析，依据城市桥梁荷载标准，计算结果为$2.4kN/m^2$；按局部分析，为$5.0kN/m^2$均布荷载或1.5kN集中荷载。海河通航要求：净高4.5m，净宽30.0m，梁底高程≥6.0m。抗震设防标准：场地地震基本烈度为Ⅶ度，地震动峰值加速度0.15g。设计行车速度：$V=40km/h$。

天津市属于暖温带半湿润季风气候，位于大陆性与海洋性气候的过渡带上，四季分明。年平均气温11.1～12.3℃，7月份平均气温26℃以上，1月份平均气温−4℃以下，极端最高温40.3℃，极端最低温−21℃。

本工程场地土为中软土，Ⅲ类场地。

海河规划为Ⅵ级航道，正常通航水位1.5m（大沽高程），最高蓄水水位为2.5m（大沽高程），设计洪水位4.26m（大沽高程）。综合上述因素，要求梁底高程6.0m（大沽高程），桥下净空4.5m，主航道宽30m。

三、特 点

富民桥采用空间索面缆索体系。缆索体系相关构件——主鞍、散索套、索夹、吊索等有空间受力特点，其整体桥梁结构的静力性能、自振特性等有其特殊性。结合工程设计与施工需要，开展了以下各项研究，并取得创新性成果：

1. 空间缆索非线性受力特性研究

悬索桥是以承受拉力的缆索作为主要承重构件的桥梁，缆索的性状不仅决定着整桥结构的受力，甚至还影响桥梁结构的施工方法。

对于空间缆索而言，除了承受自重和吊杆集中力作用，还要承受倾斜吊杆的水平分力作用，使得缆索在平面投影上也存在非常明显的空间效应。

富民桥为自锚式悬索桥，结构计算量大，设计计算的主要内容包括：在一期恒载作用下主缆及其他构件的线形及内力的非线性计算；在二期恒载及活载作用下，全桥结构的受力及变形的线性计算；结构在地震作用下的动力效应的计算；主缆锚固部位的局部受力计算；塔顶鞍座的局部受力计算。

2. 空间缆索相关特殊构造研究

（1）双向组合转向主鞍构造研究。双向组合转向主鞍的受力特点。主鞍需设计双向组合转向构造以满足缆索的安装（即鞍槽的加肋）。减小应力集中的构造研究。鞍槽出口位置防弯折处理。横向约束构造。顶

推构造。底板的永久锚固方式。

（2）双向转向的散索套构造研究。双向转向散索套的受力特点。减小应力集中的构造研究。鞍槽出口位置防弯折处理。横向约束构造。

（3）可空间转动索夹构造研究。空间缆索结构的自锚式悬索桥在体系转换时即由空缆状态到成桥状态的施工过程中，由于主缆在纵、横、竖三个方向都要发生位移，需要索夹在纵、横、竖三个方向也都要发生位移，致使从空缆状态到成桥状态下索夹会发生转动。新型索夹要解决的技术问题是：提供一种能适合空间缆索结构的悬索桥在施工过程中能够转动这一要求的新型索夹。完成的相关专利为：可转动的悬索桥索夹（专利号：ZL2006 2 0098950.3）。

（4）可空间转动吊索下吊点构造研究。对于新型的空间缆索结构悬索桥而言，由于在该类悬索桥由空缆状态到成桥状态的施工过程中要求其吊杆能够移动、伸缩调整及转动较大的角度。对应于索夹的变形，吊索底座须特殊设计，以满足施工过程和正式运营阶段的角度变形和受力的需要。在吊索下端部采用球面连杆和球面支座结构形式，以增大吊索的可转动角度，此外增加连接套筒结构使吊索能够按施工要求进行一定量的长度调整。本项研究获得专利两项，分别是可转动的悬索桥索夹（ZL2006 2 0098950.3）、空间缆索结构的吊索（ZL2007 2 0123174.2）。

（5）富民桥采用了独特的锚固形式：主跨自锚，边跨地锚。

富民桥边跨为克服主缆产生的上拔力，设计为重力式锚碇，锚碇和混凝土箱梁段做成一个整体，混凝土箱梁通过钢混凝土过渡段与钢箱梁相连。

3.空间缆索悬索桥的施工工艺及控制技术

（1）基准索的架设和调形通过在主跨、边跨锚碇处对主缆索股进行张拉，调整索股位置（索股张拉以线形控制为主、张拉力控制为辅）；当主缆基准索股调整到位，精度满足要求后进行其他索股安装（每根主缆索股采取相对垂度调整的方法）。

（2）空间缆索体系的转换和施工监控是悬索桥施工中关键的一步，吊索的张拉顺序和张拉力值将直接决定着主缆的空间位置和成桥状态的应力分布。采取逐次循环张拉的方式（总体分三轮进行，每个循环的张拉与调整均从第1号索开始、依次到14号吊索，主缆索以吊点坐标控制为主、索力控制为辅）来实现缆索的体系转换。全过程监控值和设计值的比较表明，主缆线形的坐标误差、吊索索力、主梁线形均满足控制精度的要求。

4.国产多组分新型环氧沥青混凝土的应用

国产多组分新型环氧沥青混凝土的应用，减少了材料采购周期、降低了工程费用。◆

浙江舟山金塘大桥

桥名：浙江舟山金塘大桥
桥型：主通航孔采用双塔双索面五跨连续半漂浮体系钢箱斜拉桥
跨径：（77+218+620+218+77）m
桥址：浙江舟山群岛
建设单位：浙江省舟山连岛工程建设指挥部
设计单位：中交公路规划设计院有限公司
　　　　　浙江省交通规划设计研究院
　　　　　中铁大桥勘测设计院有限公司等
施工单位：广东省长大公路工程有限公司
　　　　　路桥集团国际建设股份有限公司
　　　　　中交第二航务工程局有限公司
　　　　　中铁宝桥集团有限公司
　　　　　江苏法尔胜新日制铁缆索有限公司
　　　　　宁波三鼎钢管制造联合体
　　　　　宁波科鑫和沈阳中科腐蚀控制工程联合体
　　　　　中交第一航务工程局有限公司
　　　　　中铁四局集团第二工程有限公司
　　　　　中交第四航务工程局有限公司
　　　　　浙江省交通工程建设集团有限公司
　　　　　宁波交通工程建设集团有限公司
　　　　　山东省路桥集团有限公司
　　　　　浙江丰惠建设集团有限公司
　　　　　北京航材百慕新材料技术工程有限公司等
监理单位：广东虎门技术咨询有限公司
　　　　　中铁武汉大桥工程咨询监理有限公司
　　　　　铁科院（北京）工程咨询有限公司
　　　　　广州南华工程管理有限公司
　　　　　中国公路工程咨询总公司
　　　　　江苏科兴工程建设监理有限公司
　　　　　浙江公路水运工程监理有限公司等
测控、监控单位：中铁大桥局集团有限公司
　　　　　中铁大桥勘测设计院有限公司
　　　　　西安瑞通路桥科技有限责任公司
混凝土用量：1076503m³
钢材用量：713035t
工程总概算：76.98亿元
工期：2005年11月25日至2009年11月2日

一、概 况

浙江舟山金塘大桥为高速公路跨海特大桥，起于浙江省舟山市金塘岛，跨越沥港水道、金塘水道和灰鳖洋海域后在宁波市镇海区登陆，止于宁波市绕城高速公路，是舟山大陆连岛工程五座跨海大桥之一。大桥长21.029km，由主通航孔桥、东通航孔桥、西通航孔桥、非通航孔桥、金塘侧引桥、镇海侧浅水区引桥和岸上引桥组成，其中海上桥梁长18.27km。金塘大桥有斜拉桥、连续刚构、连续梁桥等多种桥型，主通航孔桥为全长1210m、主跨620m的五跨连续钢箱梁斜拉桥。桥梁总体布置为金塘侧1007m（引桥）+460m（东通航孔桥）+2700m（东段非通航孔桥）+1210m（主通航孔桥）+8940m（中段非通航孔桥）+330m（西通航孔桥）+4080m（西段非通航孔桥）+550m（镇海侧浅水区引桥）+1752m（镇海侧岸上引桥）。

该桥为双向4车道，设计行车速度100km/h，桥宽26m，其中主通航孔桥宽30.1m。最大纵坡≤2.8%，桥面横坡2%（双向）。设计洪水频率为300年一遇，运营期设计基本风速40.44m/s，通航标准5万吨级，主通航孔通航净宽544m，通航净高51m，左侧边孔按1000t级船舶标准设计，通航净高25.5m，净宽109m；东通航孔按3000t级船舶标准设计，通航净高28.5m，净宽121m；西通航孔按500t级船舶标准设计，通航净高17m，净宽126m。地震基本烈度Ⅶ度。

金塘大桥跨越沥港水道、金塘水道和灰鳖洋海域，潮汐类型为不正规半日潮，实测最大流速3.02m/s，最大波浪高6m，水深流急，流速流向复杂多变。金塘岛以山地为主，属剥蚀残丘地貌；镇海陆域属宁波平原。其间海域海底覆盖层主要为淤泥质（亚）黏土、（亚）黏土及砂层（粉砂、细纱、中砂及局部粗砂），部分区段覆盖层薄，岩石裸露。桥位区勘察深度范围内的地下水主要为第四系松散岩类孔隙潜水、承压水和基岩裂隙水。承压水对混凝土具有弱分解类腐蚀性，对钢结构具有弱腐蚀性，对钢筋混凝土结构中的钢筋无腐蚀性；潜水和海水对混凝土具有强腐蚀性，对钢结构具有中等腐蚀性，对钢筋混凝土结构中的钢筋具有强腐蚀性。桥址区是大风、雨、雾、雷暴等多发区，其中又以大风影响最大。一年四季均可出现大风天气，每年7~9月是台风频发期，最早出现在5月份，最迟出现在11月份，平均每年2.56个，极大风速大于40m/s（风力十三级以上）。每年的11月中旬至次年3月中旬，是冬季季风频发期，风力在8~11级。

二、结 构

1. 主通航孔桥

主通航孔桥全长1210m，采用主跨620m的双塔双索面五跨连续半漂浮体系钢箱梁斜拉桥，桥跨布置为77m+218m+620m+218m+77m。

索塔采用钻石形塔，塔身高204m，基础为42根直径2.85~2.50m的变截面钻孔灌注桩；过渡墩、辅助墩均设10根直径2.85~2.50m的变截面钻孔灌注桩。桩长104.5~117m，入弱风化岩2m。索塔整体式承台外周设防撞钢套箱；过渡墩和辅助墩外设4个独立防撞墩。

主梁采用封闭式流线形扁平钢箱梁，箱梁全宽30.1m，中心线处梁高3.0m。

斜拉索采用扇形索面，每塔每索面21对，全桥共168根斜拉索。斜拉索在索塔上通过钢牛腿+钢锚梁组合结构进行锚固。

2. 东通航孔桥

东通航孔桥全长460m，为主跨216m的三跨连续刚构。每个主墩基础采用18根直径2.5~2.3m的变截面钻孔灌注桩，桩长

43.5~71.5m。上部结构悬浇挂篮施工。

3. 西通航孔桥

西通航孔桥全长330m，为主跨156m的三跨连续梁桥。每个主墩基础采用17根直径2.0~2.3m的钻孔灌注桩，桩长110m。上部结构悬浇挂篮施工。

4. 非通航孔桥

非通航孔桥总长15720m，根据不同海底高程和覆盖层厚薄，分别采用不同跨径的预应力混凝土连续梁桥。

近岸区段采用50m跨径连续梁桥，全长300m，下部结构采用直径1.7~2.0m变截面钻孔灌注桩基础，桩长67~70m，现浇实体墩。上部结构悬浇挂篮施工。

远离岸边海中区段分别采用60m和118m跨径连续梁桥。

118m跨径连续梁桥全长1320m，下部结构采用直径2.5~3m变截面钻孔灌注桩基础，现浇墩身。上部结构悬浇挂篮施工。

60m跨径连续梁桥总长14100m，下部结构采用钢管桩，均为按梅花形布置的斜桩，桩长66.5~90.7m。墩身分别采用预制墩身和现浇墩身。上部结构采用预制箱梁整孔吊装施工，箱梁架设实施架运分离方案。

5. 金塘侧引桥

金塘侧引桥全长1007m，为连续箱梁，基础采用扩大基础和钻孔灌注桩，上部结构采用移动模架、支架现浇施工。

6. 镇海侧引桥

镇海侧浅水区引桥长550m、岸上引桥长1752m，为连续箱梁，基础采用钻孔灌注桩，上部结构采用移动模架、支架现浇和悬浇挂篮施工。

三、特　点

1. 斜拉索塔端锚固新技术。与国内外传统的几种空间索面斜拉索塔端锚固形式不同的钢锚梁和钢牛腿组合结构，解决了锚固区开裂问题，提高了塔柱的耐久性，吊重轻，安装方便，施工快捷。

2. 陆上预制、海上吊装方法进行海上多跨长桥施工。所有混凝土箱梁和90%以上的墩身采用了陆上预制、海上吊装的办法，最大程度减少海上作业的工作量，解决恶劣气候、海况环境下的多跨长桥施工难题，有效地节省了施工时间，提高了工程质量，降低了安全风险。

3. 新型墩身湿接头研究。针对传统墩身湿接头混凝土极易开裂的难题，金塘大桥建设中进行了新型湿接头的研究，提出了全新的墩身外包湿接头方案，有效地保证了结构耐久性。

4. 预制箱梁蒸汽养护自动化控制技术对60m预制箱梁自动化蒸汽养护控制技术进行了研究，采用"大范围多点测量、分段控制"的方法，应用微机全自动控制技术，实行蒸汽养护控制自动化，使蒸汽养护工艺精细化并更加成熟、完备、可靠，提高了混凝土预制箱梁的质量与养护效率。

5. 900t轮胎搬运机双机联动移运技术研制开发了目前国内最大跨度、最大吨位的两机同步联动的900t轮胎式搬运机，使预制场内移动箱梁非常灵活，明显优于滑轨。

6. 架运分离技术安装60m预制箱梁。60m箱梁的运输、安装采用了"架运分离"模式，极大地提高了作业效率和作业安全度。◆

浙江舟山西堠门大桥

桥名：浙江舟山西堠门大桥
桥型：两跨连续钢箱梁半漂浮体系悬索桥
跨径：1650m（主跨）
桥址：浙江舟山群岛
建设单位：浙江省舟山连岛工程建设指挥部
设计单位：中交公路规划设计院有限公司
　　　　　浙江省交通规划设计研究院
　　　　　江苏省交通规划设计院有限公司
　　　　　招商局重庆交通科研设计院有限公司
　　　　　东南大学建筑设计研究院
　　　　　厦门瀚卓路桥景观艺术有限公司
施工单位：四川公路桥梁建设集团有限公司
　　　　　中交集团第二公路工程局有限公司
　　　　　北京北重汽轮电机有限责任公司
　　　　　江苏法尔胜新日本制铁缆索有限公司
　　　　　宝钢集团上海二钢有限公司
　　　　　中铁宝桥集团有限公司
　　　　　江苏中矿大正表面工程技术有限公司
　　　　　中铁隧道集团有限公司
　　　　　山东省路桥集团有限公司
　　　　　广东省长大公路工程有限公司
　　　　　上海宝达工程机械有限公司
　　　　　深圳建兴航空光电有限公司
　　　　　浙江东方防雷工程有限公司
　　　　　毛勒桥梁附件有限公司
　　　　　成都市新筑路桥机械股份有限公司
　　　　　上海置信电气股份有限公司
　　　　　上海电科智能系统股份有限公司
　　　　　江苏中压电气工程有限公司
　　　　　浙江珍琪电器工程有限公司
　　　　　江苏中路交通工程有限公司
　　　　　江苏超宇电气有限公司
　　　　　宁波市镇海航星航标工程有限公司
　　　　　中交公路规划设计院和上海思索建筑
　　　　　咨询有限公司联合体
　　　　　浙江省长城建设集团股份有限公司
　　　　　舟山市元森园林绿化工程有限公司
监理单位：武汉桥梁建筑工程监理公司
　　　　　北京泰克华诚技术信息咨询有限公司
　　　　　浙江方正建设监理咨询有限公司
　　　　　中国船级社实业公司
监控单位：西南交通大学
混凝土用量：342000m³
钢材用量：95768.7t
工程总概算：23.6亿元
工期：2005年5月20日至2009年11月2日

一、概　况

浙江舟山西堠门大桥为高速公路跨海特大桥，位于浙江省舟山市，连接册子岛与金塘岛，是舟山大陆连岛工程五座跨海大桥之一。大桥长2.588km，主桥采用全飘浮体系两跨连续分体式钢箱梁悬索桥结构，主跨1650m，北边跨578m，孔跨布置为578m+1650m+485m，南引桥采用两联6×60m预应力混凝土连续箱梁。

该桥设计为双向4车道，计算行车速度80km/h（小客车100km/h）。主桥桥面全宽36m，净宽23m。最大纵坡2.5%，桥面横坡：2%（双向）。设计洪水频率300年一遇，设计基准风速41.12m/s。通航标准3万吨级，通航净高49.5m，净宽630m。

西堠门水道为西北—东南走向的水道，长约7.7km，平均宽2.5km，最窄处宽约1.9km。桥位处水面宽度约2000m，被老虎山岛分为南、北两汊，南汊宽度约1600m，最大水深达95m；北汊宽约370m，最大水深约70m。本工程区的潮汐类型为不正规半日潮，实测最大涨落潮漂流流速达2.66~3.65m/s，最大波浪高2.1m。水道中水流复杂，有较多的强烈漩涡。桥址区属海岛低山丘陵区，地形地势起伏变化较大。陆域为基岩裸露、半裸露丘陵区；水下地形以潮流冲刷槽为主，水道内存在裸露的孤丘和水下暗礁。基岩岩性单一，册子和老虎山为流纹斑岩，金塘为霏细斑岩。桥址区是大风、雨、雾、雷暴等多发区，其中又以大风影响最大。一年四季均可出现大风天气，每年7~9月是台风频发期，最早出现在5月份，最迟出现在11月份，平均每年2.56个，极大风速大于40m/s。每年的11月中旬至次年3月中旬，是冬季季风频发期，风力在8~11级。

二、结　构

1. 主梁

主梁采用分体式双箱断面钢箱梁，全宽36m，梁高3.5m，两箱间通过箱形横梁和工字梁连接，采用CFD计算和二维颤振分析相结合的方法进行了数值风洞气动选型，中央开槽6m。钢箱梁连续长度2228m，为目前世界上钢箱梁连续长度之最。全桥共划分梁段126个，标准节段长18m，重约250t，最大梁段重约310t。箱梁总用钢量约33000t。

2. 悬吊系统

主缆矢跨比1/10，采用工厂预制平行钢丝索股，从北锚碇到南锚碇的通长索股有169股，每根索股含127根直径5.25mm的高强镀锌钢丝，钢丝极限抗拉强度为1770MPa。主缆长约2880m，中跨主缆索夹外直径855mm。索夹左右对合，吊索骑跨于索夹。钢丝绳吊索直径88mm，强度1960MPa，共设119×2处吊点，标准间距为18m，各吊点设2根骑跨式吊索，最长吊索338m。

3. 索塔

根据桥位处的水文、地质条件，南索塔设置在金塘岛，利用西堠门水道中一座面积仅0.023km²的老虎山岛建造北索塔，使两座索塔均位于岸上，避免了深水基础施工、船撞风险及海水腐蚀。索塔采用钢筋混凝土门式框架结构，塔身高211.286m，塔柱下设高度为7m的承台。两塔基础均采用24根直径2.8m的钻孔

嵌岩桩,为确保地基的稳定性,北塔加深桩长至55m;南塔桩长11~26m。

4.锚碇

北锚碇位于册子岛,采用重力式扩大基础锚,混凝土总方量约80000m³;南锚碇位于金塘岛,为重力式嵌岩锚,混凝土总方量约78000m³。锚碇采用重力式锚,持力层为弱—微风化基岩。锚固系统为"镀锌钢绞线+防腐油脂"的无黏结式可更换预应力体系。该系统夹片后设置有防松装置,钢管及前后头防护帽内均充满专用防腐油脂,前后锚室内设有除湿机以防止后锚头及防护帽腐蚀。

三、特　点

1.抗风性能研究。西堠门大桥营运阶段颤振检验风速高达78.74m/s,施工状态颤振检验风速达67.1m/s,是世界上抗风要求最高的桥梁之一。结构抗风是否满足要求,是该桥能否建设的控制性因素。为此进行了节段模型风洞试验、全桥气动弹性模型风洞试验等一系列试验研究,成功解决了大跨径悬索桥抗风稳定性问题,颤振临界风速达到88m/s以上。

2.双箱分体式钢箱梁设计制造。西堠门大桥首次采用分体式双箱断面钢箱梁,钢箱梁制造中加强了焊接变形研究和组装技术研究,运用了一系列新技术、新工艺,保证了钢箱梁制造精度。

3.特大跨径悬索桥首次应用国产1770MPa主缆索股。在国内千米以上悬索桥中首次采用1770MPa的高强度平行钢丝制作大桥主缆,节约了工程投资,降低了施工难度;其中一根主缆采用了国产钢丝,实现了特大型桥梁高强度缆索用钢国产化零的突破。

4.大跨度悬索桥吊索制造技术。西堠门大桥吊索钢丝绳直径大（88mm）、强度等级高（1960MPa）、破断拉力高（5884kN）、能满足抗疲劳2×10^6次性能要求。

5.直升机牵引悬索桥先导索过海新技术。堠门大桥在我国桥梁建设史上首次采用直升机牵引先导索过海,首次成功地在未封航条件下实施先导索过海。

6.钢箱梁电弧喷涂层纳米改性封闭剂。桥钢箱梁处在海洋环境中,容易遭受海洋盐雾大气的腐蚀,通过将纳米技术与封闭涂料相结合,成功研制了新型电弧喷涂层纳米改性环氧封闭剂用于

钢箱梁防腐。

7.自航驳船单船直接动力定位。西堠门水道水流复杂,最大水深95m,加之海底岩石裸露,运梁驳船难以抛锚定位,钢箱梁架设施工中创新性地研发了相关设备,采用自航驳船单船直接动力定位等方法完成了箱梁海上吊装。

8.西堠门大桥以其在工程结构、美学价值、环境和谐等方面的杰出成就,于2010年获得国际桥梁会议（IBC——International Bridge Conference）授予的古斯塔夫·林德撒尔奖。◆

附录一：
中国路桥发展明细

表1 公路分类里程数值表（单位：万km）

公路分类	2009年	2008年	增长
国道	15.85	15.53	0.32
省道	26.60	26.32	0.28
县道	51.95	51.23	0.72
乡道	101.96	101.12	0.84
专用公路	6.72	6.72	0
村道	183.00	172.09	10.91

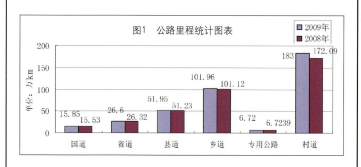

图1 公路里程统计图表

表2 全国铺装路面统计表（单位：万km）

铺装类型	2009年	2008年	增长
沥青混凝土铺装路面	48.89	44.11	4.78
水泥混凝土铺装路面	123.1	102.37	20.73
简易铺装路面	53.25	53.08	0.17
未铺装路面	160.83	173.45	-12.62

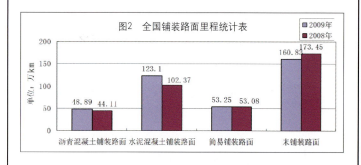

图2 全国铺装路面里程统计表

表3 全国等级公路分类里程表（单位：万km）

省份	里程数（km）	省份	里程数（km）
河南	4861	山东	4285
广东	4035	江苏	3755
河北	3303	浙江	3298
湖北	3283		

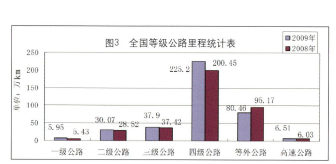

图3 全国等级公路里程统计表

表4 高速公路突破3000km的省（区）

级别分类	2009年	2008年	增长
高速公路	6.51	6.03	0.48
一级公路	5.95	5.43	0.52
二级公路	30.07	28.52	1.55
三级公路	37.9	37.42	0.48
四级公路	225.2	200.45	24.75
等外公路	80.46	95.17	-14.71

表5 农村公路里程超过10万km的省（区）

省份	里程数（万km）	省份	里程数（万km）
四川	22.52	河南	21.82
山东	20.01	湖北	17.89
湖南	17.55	云南	17.37
广东	16.33	安徽	13.59
江苏	13.10	贵州	13.08
河北	13.08	陕西	13.02

表6 公路桥梁、隧道数量里程统计表

桥隧分类	数量	里程（万m）
公路桥梁	62.19万座	2726.06
特大桥梁	1699座	288.66
大桥	42859座	981.90
公路隧道	6139处	394.20
特长隧道	190处	82.11
长隧道	905处	150.07

注：摘自《桥梁产业资讯》

附录二：中国部分在建桥梁

省份	项　目	工　期	造　价 (单位：亿人民币)	全　长 (单位：km)
安徽	铜陵长江公铁大桥	2010-2014	70	44
	蚌埠市人庆路淮河公路桥工程	2009-2012	6.87	2.38
	合肥市长江西路高架快速路工程	2009-2011	18	6.39
	望江长江公路大桥项目	2008-2012	48	37
	淮河大桥项目	2010-2013	20	26.96
	芜申运河马宣段工程	2009-2010	8.9	18.34
	安庆长江铁路大桥工程	2009-2013	19.27	3
	马鞍山长江公路大桥工程	2009-2011	70.8	36.14
重庆	江津区粉房湾长江大桥及引道工程	2009-2012	15	6.066
	东水门大桥	2009-2013	16.8	1.2
	千厮门特大桥	2009-2013	7.3	1.6
	合川区嘉陵江南屏大桥工程	2008-2011	2.59	1.161
	双碑嘉陵江大桥主桥及东、西引桥工程	2009-2011	15.5	3.84
	蔡家嘉陵江大桥土建工程	2010-2012	1.7	1.29
福建	泉州湾跨海大桥	2009-2013	64.36	12.7
	福州乌龙江大桥改造及接线拓宽工程	2009-2012-	2.65	2.2
	漳州市九龙江大桥及接线工程	2010-2012	6.55	2.2
	厦漳跨海大桥	2009-2012	49.86	11.7
	龙海市龙江大桥项目	2010-2012	4.07	2.37
	平潭海峡大桥	2008-2010	11.3	3.51
甘肃	靖远黄河公路大桥项目	2008-2010	1.519	0.64
	兰州市南山路东岗立交桥工程	2009-2010	2.4	7.37
广东	南澳大桥工程	2008-2011	13	11.08
	湛江东海大堤段跨海大桥项目	2008-2010	3.52	4.6
	港珠澳大桥项目	2009-2015	700	49.968
	龙湾大桥及引道工程	2010-2012	8.9	4.3
河北	保衡线滹沱河特大桥工程	2008-2010	1.77	8.446
河南	郑州黄河大桥项目	2008-2011	20	23.1
	郑新黄河公铁两用桥工程	2008-2010	50.7	9.17
湖北	二七路长江大桥工程	2008-2011	48	6.5
	荆岳长江公路大桥	2006-2010	23.42	5.419
	鄂东长江公路大桥	2006-2010	30	6.3

省份	项　目	工　期	造　价 (单位：亿人民币)	全　长 (单位：km)
湖南	矮寨特大悬索桥	2007-2011	7.2	1.07
	赤石特大桥	2010-2012	11	2.27
	衡阳市东洲湘江大桥工程	2008-2010	4.1	1.72
	常德市沅江西大桥工程	2008-2012	6.56	5.8
	湘潭湘江五大桥主线工程	2008-2011	3	5.985
江苏	南京长江第四大桥项目	2008-2013	67.5	28.996
	泰州长江大桥	2007-2011	93.7	62.088
江西	抚州市赣东大桥工程	2009-2010	1.2	0.6
	赣州市赣江公路（景观）大桥工程	2008-2010	4.6	1.037
	九江长江二桥工程	2008-2012	27.53	25
	九江长江公路大桥工程	2008-2012	45.7	25.145
辽宁	齐齐哈尔嫩江大桥及齐富公路改建工程	2009-2012	8	20
	哈尔滨市道外松花江大桥工程第二标段	2008-2010	13.06	4.027
宁夏	吴忠黄河公路大桥工程	2008-2011	4.39	8.33
山东	甘东高速公路东明黄河公路大桥工程	2009-2010	32	23.097
	青岛海湾大桥	2006-2011	90.4	35.4
	济南建邦黄河大桥	2008-2010	9.38	5.3
	鄄城黄河公路大桥	2006-2010	9.08	5.5
山西	临潼行北渭河大桥	2009-2011	2.5	6.5
上海	松卫路黄浦江大桥工程	2008-2010	2.15	1.65
	崇启大桥	2008-2010	28.74	7.2
四川	泸州市茜草长江大桥工程	2008-2010	3.435	1.19
	巴中市回风大桥工程	2008-2011	0.88	0.6
云南	草海大桥项目	2008-2012	7.8	1.9
浙江	九堡大桥	2008-2011	9.75	2.04
	象山港大桥	2008-2012	65	6.7
	宁波甬江特大桥	2007-2011	4.857	0.858
	嘉绍跨江大桥工程	2008-2012	128.77	69
	104国道高桥立交桥工程	2008-2010	0.9	1
	梅山大桥及接线工程	2008-2010	4.349	2.2
	35省道壶镇大桥工程	2008-2010	0.26	1
	杭州钱江铁路新桥工程	2008-2011	13	2.22
	大榭第二桥项目	2008-2012	17.3	5.5
	温州市大门大桥项目	2008-2011	14.76	10.7

注：摘自《桥梁产业资讯》

《中国桥梁年鉴2010》编辑委员会

主　　任：凤懋润
副 主 任：张　鸿　杨志刚　韩　敏
技术审读：张树仁　楼庄鸿　李靖森　白巧鲜
市场策划：廖　玲　穆　玉　霍静林　韩　扬　松　宇
采编团队：于抒霞　张　萍　魏　薇　王少杰　于　倩
设计团队：杨　青　邵　杨
流程统筹：郭海龙
支持单位：中交第二航务工程局有限公司